U0121126

图解篮球基础
技术与训练

视频学习版

人邮体育 主编

花 琳 赵唐薇 编

人 民 邮 电 出 版 社

北 京

图书在版编目（ＣＩＰ）数据

图解篮球基础技术与训练：视频学习版 / 人邮体育
主编；花琳，赵唐薇编. -- 北京：人民邮电出版社，
2023.5
ISBN 978-7-115-60528-3

Ⅰ．①图… Ⅱ．①人… ②花… ③赵… Ⅲ．①篮球运
动－运动训练－图解 Ⅳ．①G841.2-64

中国版本图书馆CIP数据核字(2022)第229744号

免 责 声 明

内 容 提 要

本书由多年篮球执教经验的教练编写，旨在为篮球爱好者、篮球运动员等的技术练
习提供指导，并为篮球教练丰富教学内容和执教方法提供帮助。书中详细介绍了篮球运
动的基本动作、运球、传接球、投篮、篮板球、基础配合战术和团队配合战术等技战术
练习及其强化方法，且针对重点技战术提供了实用的实战指导。全书采用图文详解结合
视频展示的形式呈现技术动作，并针对战术的讲解提供了简明易懂的示意图，可为读者
学习提供便利。

◆ 主　　编　人邮体育
　　编　　　花　琳　赵唐薇
　　责任编辑　林振英
　　责任印制　彭志环

◆ 人民邮电出版社出版发行　　　北京市丰台区成寿寺路 11 号
　邮编　100164　　电子邮件　315@ptpress.com.cn
　网址　https://www.ptpress.com.cn
　中国电影出版社印刷厂印刷

◆ 开本：700×1000　1/16
　印张：12.75　　　　　　　　　　2023 年 5 月第 1 版
　字数：359 千字　　　　　　　　2023 年 5 月北京第 1 次印刷

定价：69.80 元

读者服务热线：(010) 81055296　印装质量热线：(010) 81055316
反盗版热线：(010) 81055315
广告经营许可证：京东市监广登字 20170147 号

在线视频访问说明

为了帮助读者更好地掌握动作技术，本书提供了大部分动作的演示视频，具体可通过以下步骤在线观看。

步骤 1

点击微信聊天界面右上角的"+"，弹出功能菜单，点击菜单上的"扫一扫"（图1），扫描技术动作讲解页面上的二维码。

步骤 2

扫描后可直接进入视频观看页面（图2）。

图 1　　　　　　图 2

图 例 说 明

进攻球员		传球路线
防守球员		移动路线
篮球		运球路线
标志物（锥桶）		掩护
		距离
球员A、B、C、D		投篮路线
步骤1、2、3、4		

目录

第3章　运球训练

第4章 传接球训练

第5章 投篮训练

第6章 篮板球

第7章 基础配合战术

第8章　团队配合战术

扫描右方二维码添加企业微信。

1. 首次添加企业微信，即刻领取免费电子资源。

2. 加入体育爱好者交流群。

3. 不定期获取更多图书、课程、讲座等知识服务产品信息，以及参与直播互动、
在线答疑和与专业导师直接对话的机会。

第1章
篮球运动的
基本动作

学习基本姿势和基本步法是篮球运动的开始，掌握标准的基本动作可以为学习技术动作打下良好的基础，扎实的基本功也有助于球员在赛场上稳定发挥。同时，培养良好的训练习惯，有助于球员降低身体在运动中产生损伤的风险。

身体基本姿势：持球

此动作是球员持球的基本姿势，也是球员在进行下一个动作前的准备动作。正确、标准的身体姿势，是实施篮球技术的基础，能使球员拥有良好的平衡力和速度。

正面视角

上半身挺直微前倾，放低重心，保持身体稳定

头部居中，目视前方，确保视野开阔，眼观全场

双臂屈肘，双手掌心相对，持球于胸前

侧面视角

屈膝，双脚分开，略比肩宽，脚尖45度外展

小提示

不持球时，球员掌心朝前，双手随时准备接球。头部呈中立位，与双脚形成稳定的三角形，是保持身体平衡的关键。

point
技术要点

保持随时可移动的状态

球员持球时，重心均匀分布于双脚，同时保持全身关节灵活，使身体可随时进行移动。

三威胁

三威胁是指能够进行投篮、运球或传球的姿势。熟练掌握此姿势，有助于球员灵活施展各类技巧。

正面视角

持球于一侧腰部前，球与身体约一拳距离

头部居中，目视前方，确保视野开阔，眼观全场

双臂屈肘，双手掌心相对持球

侧面视角

屈膝，双脚分开，与肩同宽，保持身体稳定

小提示

持球时，身体勿过于前倾，持球位置勿过高，避免被对手抢断，注意持球动作的规范。

point
技术要点

准备投篮、运球或传球

双膝屈曲，重心下移，双手持球，双脚前后站立，随时准备进行投篮、运球或传球等动作。

防守基本姿势

防守时，球员在保证身体平衡的前提下，需进行快速地移动或变向，所以掌握防守基本姿势非常重要。防守需要身体和精神的共同支撑，较强的腿部力量和良好的防守意识是必不可少的。

正面视角

双臂屈肘，呈一高一低姿势外展，加大防守范围

目视前方，紧盯对手的动作

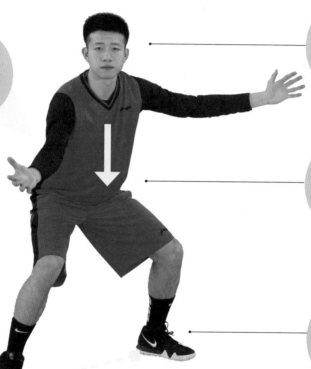

屈髋屈膝，同时保持身体可随时灵活移动

加大双脚距离，重心放低，保持身体平衡

point
技术要点

保持敏锐的观察力，主动防守

防守球员需保持敏锐的观察力，学会根据对手的动作变化进行预判，主动出击，进行干扰或抢断。

小提示

用全身进行阻挡，上半身挺直，高手防止对手进行投篮或高位传球，低手阻止对手运球或低位传球。

防守基本姿势：对手开始运球时

　　防守的最终目的是阻止对手得分。当对手开始运球时，防守球员的防守姿势也相应发生变化，最大限度地阻止对手进行运球突破、传球或投篮。

正面视角

面向对手，眼睛重点紧盯对手的上半身

屈髋屈膝，放低重心，同时保持身体可随时灵活移动

两臂屈肘，左右张开，防止对手传球或运球突破

双脚分开，略比肩宽，便于近距离紧随对手，进行防守

point
技术要点

保持警觉，持续施压

防守球员及时调整手部动作和双脚的站位及步速，紧盯对手，全方位向对手施压，扰乱对手的进攻节奏，迫使对手不断改变进攻方式，从而增加自己获得球权的机会。

 小提示

上半身挺直，双手上下摆动，根据情况伸手触球或进行阻挡，增加对手运球的难度，提高对手失误率。

跳步急停

跳步急停是球员跑向传球的方向，跳起并在空中接球的动作，是一项非常基础且常用的接球技术。在低位背对篮筐时，使用该动作接球具有一定的优势。

双手掌心迎向球来的方向

跑步姿，身体前倾，两臂屈肘迎球。

落地时，屈膝，降低身体重心

观察球传来的路线，双脚起跳，于空中接球，双脚同时落地。落地后双腿屈膝，保持身体平衡。

小提示

跳步急停是跳跃后两脚同时着地的一种接球方式。接球后，两只脚均可作为中轴脚，完成之后的动作。

point
技术要点

双脚同时落地，保持身体稳定

身体腾空时接球，落地后双脚分开站立，膝盖微屈，保持身体稳定。

跨步急停：一二步停

急停有两种，一种是跳步急停，另一种是跨步急停。两种接球技术的区别在于双脚的落地方式，与跳步急停不同，跨步急停接球时双脚前后落地。

双手掌心迎向球来的方向

迈步脚

跑步姿，身体前倾，观察球传来的路线，两臂屈肘迎球，一侧脚向前迈出。

后脚随之向前迈，双手同时接球。

双脚依次平稳落地。落地后双腿屈膝，保持身体平衡。

 小提示

跨步急停适用于快速跑动状态。接球后，先落地的脚作为中轴脚，完成之后的动作。

point
技术要点

双脚前后落地，保持身体稳定

因跨步急停是分次进行的停止动作，能延续一定的跑步节奏，当球员需要进行 180 度转身时，通常会采用跨步急停的接球方式。注意屈膝，使身体稳定地进行下一个动作。

90度前转和90度后转

无论是在有球还是无球状态下，球员可以通过不同方向、不同角度的转身来获取突破的空间或较好的篮下位置。进行转身动作时，球员以一侧脚为轴，另一侧脚为旋转脚，快速转动身体。

▶ 90度前转

屈髋屈膝，放低重心

中轴脚

屈髋屈膝放低重心，以三威胁姿势持球。

以左脚为轴，向前转身90度，右脚以左脚为轴同时向前旋转。

完成转身动作后，右脚向前迈至双脚平行。

▶ 90度后转

中轴脚

旋转时，保持躯干稳定

屈髋屈膝放低重心，以三威胁姿势持球。

以左脚为轴，向后转身90度，右脚以左脚为轴同时向后旋转。

完成转身动作后，右脚向前迈至双脚平行。

变向

变向是从一个方向快速转至另一个方向的动作，是一项非常基础的篮球技术。在无人防守时接球，变向技术尤为重要。

跑步姿，身体前倾，一侧手屈肘朝向篮球的方向。

中轴脚

向前迈出一侧脚，身体前倾，两臂屈肘伸向篮球的方向，示意传球。

身体重心同时转移

后脚向前外展一大步，身体随之转向新方向，同侧手伸出，准备接球。

 小提示

双脚先后迈步时，脚步不交叉。迈出的第一步不用过大，迈出时屈膝保持身体稳定，第二步步幅加大。

**point
技术要点**

注意重心的转移

第二步迈向新方向时，身体重心应同时转向新方向，迈步脚屈膝，以保持身体平衡。转向速度要快，方向要准确，避免停不下步伐，导致转动角度过大而失球。

双脚起跳

跳跃是篮球运动中一项非常重要的技能。跳跃的高度，不仅取决于腿部肌肉力量，也受跳跃的方式、起跳的速度等因素影响。

抬头目视篮筐，挺直背部，双手在身体两侧微后摆，屈髋屈膝，双脚平行站立。

借助手臂的上摆，增加向上的势能

双脚用力蹬地跳起，双手大力上摆，为身体的向上跳跃提供动力。

伸展双手，模拟跳投或抢篮板球的姿势

伸展全身，模拟跳投或双手尽力去抢篮板球的姿势，原地落地。

 小提示

可增加在跑动状态下进行双脚起跳的练习，体会将跑动的惯性动力转化为向上的势能的感觉。

point
技术要点

双脚同时落地

双脚同时落地，能使身体获得更好的平衡，确保再次起跳时保持平衡和较快的速度。尤其在抢篮板球时，球员可能需要反复跳起去争抢篮球，因此身体保持平衡尤其重要。

单脚起跳

双脚起跳由双脚同时发力向上跃，起跳速度较慢，但身体平衡性好；单脚起跳由单脚发力向上跃，起跳速度快，但身体平衡性较差。

垂直向上跳，而不是远距离横向跳跃

起跳脚

身体前倾，挺直背部，双手在身体两侧微后摆，屈髋屈膝，双脚前后分开站立。

单脚发力

起跳腿伸直，单脚用力蹬地跳起，非起跳腿屈膝上抬，向上伸展双手，最后原地落地。

point 技术要点

注意起跳的姿势

单脚起跳通常在跑动状态下开始，在起跳前有三四步加速，但最后一步步伐不要太大，这样起跳时非起跳腿才能快速屈膝，用力快速上抬，将跑动的惯性动力转化为向上的势能，同时双手用力上摆共同助力跳得更高。

小提示

跑动状态下，单脚起跳跳得更高，常应用于突破上篮、盖帽或者争抢进攻篮板球。但单脚起跳的身体控制性较差，在空中易造成犯规或与其他球员碰撞，落地不平稳，不利于快速进行二次起跳。

滑步

　　滑步是一项基础的防守技术。在行进过程中，注意身体的重心要随着步伐的变化而转移，保持身体稳定。

挺直背部，
保持目视前方

身体重心转移　　蹬地发力

屈肘张开两臂，呈防守基本姿势（对手开始运球时）。

左脚蹬地发力，右脚朝身体右侧平行跨出一步。

保持低重心，上
半身不要晃动

左脚用类似拖曳的步伐，快速滑向右脚，保持防守基本姿势。重复滑步动作。

 小提示

　　实战中，当对手开始运球时，先迈运球方向的一侧脚，快速跟上对手，提前压制对手朝目标方向前进。始终保持低重心，伸手干扰对手运球时，注意保持身体平衡。

point
技术要点

双脚不靠拢

当双脚拉近距离时，注意不要靠拢，保持距离。若双脚紧贴，则无法快速应对对手的动作变化。

交叉步

进行交叉步防守时，要时刻紧盯对手的运动路线，进行预判，及时调整步速与方向。跑动过程中，注意身体重心也要转移，保持身体平衡。

屈肘张开两臂，呈防守基本姿势（对手开始运球时）。

重心转移至
非迈步脚

身体转向对手移动方向（以右侧为例），重心转移至右脚。

横向迈出

左脚向右交叉迈出一大步，右脚继续右迈一步，重复交叉步动作。

🏀 小提示

当对手加快速度时，防守球员应调整为交叉步，进行长距离防守，进入快速跑动状态。

侧面视角

小碎步

小碎步是一种防守步法，其特点是步伐小、步速快，便于贴近进攻球员。使用紧密而快速的步伐，易于调整方向，同时近距离的防守可使对手无法投篮或传球。

低重心，目视进攻球员

屈肘张开两臂，呈防守基本姿势（对手开始运球时）。

上半身不要晃动

一侧腿抬起至对侧脚踝高度，对侧腿单脚撑地。

前脚掌蹬地发力

放下抬起的腿，快速抬起另一侧腿。双脚快速交替进行小碎步。

小提示

以对手向右侧移动为例，防守球员可在右脚蹬地时，左脚外展一小步，右脚紧接着靠近一小步，继续进行小碎步防守。

point
技术要点

步伐小而步速快

锁定防守目标，双脚前脚掌不间断地蹬地发力，交替抬起、落地，随着对手的动作，进行左右、前后移动。

前进步

与滑步类似，前进步时双脚不交叉、不并拢。滑步是双脚平行站立，横向移动；前进步是双脚一前一后，向前移动。

挺直背部，
保持抬头

双臂呈一高一低姿势外展，双脚一前一后，双膝略弯曲。

后脚蹬地

锁定防守目标，前脚向前迈一步，身体重心前移，后脚蹬地跟进。

始终屈膝，保持身体稳定，不要上下起伏

双脚交替向前迈出，靠近防守目标。

小提示

使用前进步动作进行防守时，后脚蹬地，前脚向前迈出、双脚不能交叉移动，步伐小、速度快，但是要同时保持身体平衡。同时，避免向前跳跃，否则不利于快速转身，双臂上下摆动，进行干扰或抢断。

后撤步

与前进步类似，后撤步时双脚不交叉、不并拢，双脚一前一后，向后撤步。训练时，注意步法小、速度快，后撤的过程中保持身体平衡。

挺直背部，保持抬头

双臂呈一高一低姿势外展，双脚一前一后，双膝略弯曲。

前脚蹬地

锁定防守目标，前脚向后撤一步，身体重心后移，后脚随即后撤。

始终屈膝，保持身体稳定，不要上下起伏

双脚交替向后撤，靠近防守目标。

小提示

当进攻球员在防守球员后侧靠近篮筐或进攻球员准备进攻时，防守球员可用后撤步进行防守，前脚蹬地，后脚撤步，双脚不交叉；步速加快时避免出现跳跃式地移动，双脚尽量贴地面移动，否则影响速度。双臂上下摆动，进行干扰或抢断。

蹲起运动

　　无论是否持球，球员都要保持正确的基本姿势，确保在赛场上稳定发挥。蹲起运动动作可以使球员熟练掌握篮球运动中的基本姿势。

挺直背部，保持抬头

屈髋屈膝，双臂屈肘于胸前，呈身体基本姿势。

放低重心

保持上半身稳定，身体下蹲，大腿与地面平行。

缓慢起身至双腿伸直。

 小提示

　　球员通过反复地下蹲、起身练习，使身体记住基本姿势。即使在疲劳状态下，也能做出正确的姿势，避免过度下蹲。

侧面视角

限制区防守滑步

限制区防守滑步训练的目的主要是使球员熟练掌握滑步。练习过程中，在保持姿势正确的基础上，球员可逐渐加快速度，并制定一些目标，例如尝试在 30 秒之内 15 次踩到限制区内的边线。

挺直背部，目视前方

全程屈膝，保持低重心

面向罚球线，站在限制区一侧的边线内，呈防守基本姿势。

进行滑步运动，快速移动到限制区对侧边线，再原路返回。重复上述练习。

移动路线

在限制区内来回进行滑步运动

小提示

移动过程中，双手上下摆动，模拟紧跟对手的移动路线的情景，并阻止对手进行传球、运球或投篮等。

三分线滑步

因滑步在平时运用较少，所以需要通过大量的专项练习进行训练。三分线滑步训练的目的主要是使球员熟练掌握在三分线附近进行滑步防守的动作，确保赛场上的稳定发挥。

挺直背部，头部居中，保持抬头，目视前方

站在三分线上，呈防守基本姿势。

全程屈膝，保持低重心

沿着三分线，开始进行滑步运动。

双手上下摆动，模拟阻止对手进行传球、运球或投篮等

滑步至另一侧的底角三分线后，再滑步原路返回。

小提示

滑步训练，仅练习左右移动是不够的。在底角两端，沿三分线往返，难度较大，但更接近真实的比赛场景。球员需始终保持头部和躯干居中，不随移动方向倾斜，不断调整身体重心，保持身体稳定。

箱子滑步

　　箱子滑步是一项基础姿势和步法的综合训练，目的是训练球员熟练使用滑步、前进步及后撤步等不同步法，提升球员灵活应对来自不同方向的进攻的防守能力。

站在边线上，于限制区一端呈防守基本姿势，使用滑步，向限制区另一端移动。

移动到限制区另一端，向前转身约45度，继续用滑步，向限制区内向对角移动。

移动到对角顶点，双脚平行，站在罚球线附近，滑步运动至罚球线另一端。

在罚球线另一端向后转身约45度，滑步至原点。

回到原点，重复上述练习。移动路线如右图所示。

移动路线

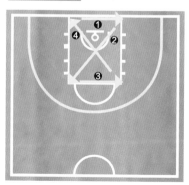

防守脚步练习

　　防守脚步练习主要是使球员能够熟练、快速地切换滑步和交叉步。实战中，防守球员需要根据进攻球员的速度及时调整防守节奏，防止对手突破防守。

两名球员在底线站立，进攻球员B持球，防守球员A在其一侧呈防守基本姿势进行防守。

滑步

进攻球员B开始沿限制区一侧边线直线前进，防守球员A采用滑步跟进防守。

 小提示

　　滑步是基本的步法。对手加速前进时，防守球员仅使用滑步会跟不上对手，使用交叉步可以提高侧向移动速度。因此跑、滑行训练的要点是随着对手的速度变化不断地调整步法，也就是在滑步与交叉步中自由切换。

交叉步

过程中，进攻球员B变速运球时，防守球员A采用交叉步跟进防守。

细节展示

1对1Z形

防守球员举球过头顶，可将注意力集中在步法上，并在速度变换的时候，始终保持上半身稳定。练习中，进攻球员不断加速，有助于防守球员巩固基本动作和步法。

保持上半身稳定

两名球员在限制区站立，进攻球员B持球，防守球员A举球过头顶，在其一侧进行防守。

滑步防守

进攻球员B运球直线前进至肘区，防守球员A立即跟进防守。

进攻球员B转身，沿对角线运球前进，防守球员A跟进防守。

进攻球员B到达篮下半圆顶点后，转身朝另一侧肘区运球前进，防守球员A跟进防守。

交换角色，重复练习

到达另一侧肘区后，两人互换角色，重复上述步骤。移动路线如右图，呈Z形。

移动路线

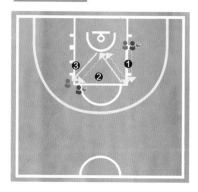

跳步急停接转身和传球

　　跳步急停接转身和传球训练主要是使球员有控制地停止运球及转身后进行有效传球,让其在运动状态下学会控制自己的身体。

　　两名球员在一侧边线前后站立,球员A持球,球员B在其后侧站立。

　　球员A运球前进至限制区一侧边线附近,停步,跳至边线前,球员B原地不动。

停止运球,最后一步跳至边线前

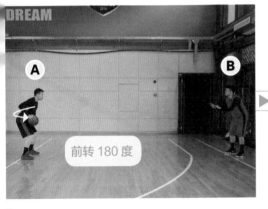

前转180度

　　球员A前转180度,面向球员B,球员B准备接球。

双手向前,准备接球

　　球员A传球给球员B,球员B接球,球员A返回起点。两人互换角色,重复练习。

point 技术要点

保持身体稳定

无论是运球后跳步急停还是转体,球员始终保持屈膝,重心放低使身体平衡,确保下一个动作能有序进行。

小提示

动作熟练后,球员可加快动作间的衔接速度,使跳步急停、转身、传球的动作一气呵成。

圆圈滑步（1追1）

当球员可以准确做到滑步后，就可以开始训练快速滑步。与三分线滑步的长距离练习不同，圆圈滑步训练利用球场的中圈，使球员在短距离内与队友比赛，完成追逐的游戏。

两名球员面对面站在中圈线旁，呈防守基本姿势。

在口令开始后，两名球员同时进行滑步，一方追逐另一方。

当追逐方追上逃跑方，或规定时间结束后，可交换角色重新开始下轮游戏。

 小提示

练习时，队员间相互观察并提醒对方动作的准确性，有助于共同提高双方的技术水平。

point
技术要点

双脚同时落地

通过比赛，球员可以提高滑步速度。但是，在追求速度的同时，要注意滑步动作的准确性，身体不要上下起伏。

第 2 章
球性训练

　　球性，即通常所说的球感，是指球员的手或身体对篮球的控制和感应能力。重复的训练有助于球员熟悉篮球的形状、重量、弹性、大小、运转速度等基本属性。球员的球性好，才能在运球中尽量不丢球，传球和投篮时保持高命中率。球性是篮球运动的基础技术之一，培养良好的球性，是提高篮球技术的必经之路。

左右耳-左右胯

2.1 绕球基础动作

"左右耳-左右胯"训练主要是先将球移向胯部两侧，再移至耳朵两侧。球员通过此种练习方式，可以熟悉如何控制球的位置，为之后的绕球运动打下基础。

挺直背部，保持抬头

屈髋屈膝放低重心，持球于右胯一侧。

注意两手的位置变化

双手持球上移至右耳一侧。

双手持球横向移动至左耳一侧。

屈膝，保持身体稳定

双手持球向下移动至左胯一侧。恢复起始动作，重复练习。

小提示

练习中，注意只有双手的位置在变化，身体其他部位保持不动。熟练后，加快速度，提升动作流畅性。

膝-胯-耳（结合脚步）

此训练主要是将球先后在膝部、胯部、耳部位置移动。实战中，当防守球员进行贴身防守时，持球球员可使用此动作保护篮球，避免被抢断。

屈髋屈膝放低重心，以双脚平行的三威胁姿势持球。

右脚迈向左前方，身体旋转90度，双手持球至左膝前。

随后恢复起始姿势，持球于右胯一侧。

右脚迈向左前方，身体旋转90度，微起身，双手持球上移至左耳一侧。

双脚伸直，恢复原位，同时双手举球过头顶。

🏀 **小提示**

练习时，眼睛尽量不看球，想象身前有防守球员，模拟观察对手的动作，不断移动球的位置，躲避防守，同时寻找进攻机会。注意身体重心的变化，保持身体平衡。

左右膝-头顶

此训练主要是将球先后在膝部两侧至耳部位置移动。球员多次练习后加快速度，有助于在实战中躲避防守球员的抢断，突破进攻。注意牢牢控球，球与身体的距离不要太远。

屈髋屈膝放低重心，双脚间距比肩宽，双手持球于右膝一侧。

双手持球横向移动至左膝一侧，同时身体朝左微侧。

起身伸展身体，双手举球过头顶。

point
技术要点

准备投篮、运球或传球

向左膝移动时向下发力，身体重心降低；当球移动到头顶后，可模拟观察场上形势，再进行下一个动作。

侧面视角

 小提示

将篮球在身体的左右侧或上下侧快速移动，可摆脱防守球员的抢夺，以便持球球员进行投篮、传球等动作。

颈部绕球

颈部绕球主要训练球在颈部周围时，球员对球的掌控能力。这要求球员在持球时有很好的协调性，且在动作速度快的同时，保证球不能碰到颈部。

双脚分开，间距比肩宽，双手持球于胸前。

换右手持球，托球至右耳一侧，开始沿颈部向后绕球。

当球绕至颈后，左手上抬从颈部后方接球。

左手单手托球，将篮球沿左耳一侧向前绕。

当球运至胸前，双手持球。

小提示

此训练可按照顺时针、逆时针的方式进行练习，并逐渐加快速度。在篮球移动的过程中，注意不要破坏身体平衡，要迅速、连贯地完成整个动作。实战中，此动作可应用于摆脱对手的防守，通过快速变换球的位置，防止对手抢断，以便进行后续的传球或投篮。

腰部绕球

腰部绕球主要训练球在腰部周围时，球员对球的掌控能力。当球从前向后绕时，注意手部动作的变化，从五指抓球切换成掌心朝上托球。球员反复练习，有助于提升腕关节的灵活性。

双脚分开，间距比肩宽，双手持球于身前。

换右手持球，托球至腰部右侧。

将球沿右腰侧向身后绕球。

身体不前后晃动

当球绕至身后，左手从身后接球。

左手托球，将篮球沿左腰侧向前绕，当球运至身前，双手持球。

小提示

此训练可按照顺时针、逆时针的方式进行练习，并逐渐加快速度，使球离开手的时间尽可能短。有节奏地进行绕球，球尽可能不与身体接触。

膝部绕球

膝部绕球主要训练球在膝部周围时，球员对球的掌控能力。此动作全程保持低重心，挺直背部，身体不要上下起伏，多次训练，逐渐加速，提升球感。

眼睛不看球

屈髋屈膝放低重心，双脚间距等肩宽，双手持球于膝部前方。

换右手持球至右膝一侧。

旋转手腕

开始托球沿膝部向后绕球。

双膝微收

当球绕至膝部后方，左手从后方接球。

左手托球，将篮球沿左膝一侧向前绕，当球运至膝部前方，双手持球。

小提示

此训练可按照顺时针、逆时针的方式进行练习，并逐渐加快速度。当球绕至膝部后方时，双手持球；当球往左膝绕时，右手托住球的底部，左手抓住球的侧面。

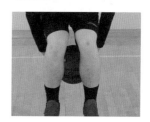

单脚盘球

单脚盘球主要是用指尖拨球的方式，使篮球绕脚部环形运动。此动作需全程保持低重心，挺直背部，身体不要左右晃动，多次训练，逐渐加速，提升球感。

指尖触球

指腹施力，轻推

屈髋屈膝放低重心，双脚前后分开，间距比肩宽，俯身使指尖触碰右脚侧的篮球，目视前方。

沿右脚侧向后拨球，当球绕至右脚后方，左手准备接球。

右手指腹施力，朝左侧轻推篮球，左手接球。

侧面视角

小提示

左手向右脚尖前拨球，右手接球。重复练习。

注意动作全程眼睛不看球，拨球时，重点体会手指推球的感觉。

8字盘球

　　8字盘球主要是用指尖拨球的方式，使篮球依次绕双脚环形运动，篮球的运动轨迹如数字"8"。此动作需全程保持低重心，挺直背部，身体不要左右晃动。

眼睛不看球

屈髋屈膝放低重心，双脚分开，间距比肩宽，俯身使指尖触碰右脚左前方的篮球，目视前方。

沿右脚向后拨球，当球绕至右脚后方，左手准备接球。

体会手指控球的感觉

右手指腹施力，朝左前方轻推篮球，左手接球。

左手向前沿左脚划圈拨球，当球绕至左脚后方，右手准备接球。

指腹施力，轻推

左手指腹施力，朝右前方轻推篮球，右手接球。

球的运动轨迹形成一个数字"8"。重复练习。

胯下绕球

　　胯下绕球主要使篮球在悬空状态下依次绕双膝进行8字盘球。此动作需全程保持低重心，熟练后可加快速度，不停顿地重复训练，使动作具有连贯性和节奏性。

眼睛不看球

屈髋屈膝放低重心，双脚分开，间距比肩宽，双手持球于两膝前。

换右手持球，从胯下穿过，沿左膝绕球，左手在左膝后方接球。

左手托球向前绕，右手在膝部前辅助扶球。

左手持球，从胯下穿过，沿右膝绕球，右手在右膝后方接球。

右手托球向前绕，左手在膝部前辅助扶球。重复练习。

 小提示

　　实战中，当身前有防守球员时，为了躲避防守，球员可运用此动作，将球运向腿后，用身体护球，以便进行下一步动作。

S形盘球

S形盘球主要是用指尖拨球的方式，使篮球依次绕双脚运动，篮球的运动轨迹如字母"S"。此动作需全程保持低重心，挺直背部，身体不要左右晃动。

屈髋屈膝放低重心，双脚分开，间距比肩宽，俯身使指尖触碰右脚侧的篮球，目视前方。

沿右脚侧向后拨球，当球绕至右脚后方，左手准备接球。

右手指腹施力，朝左前方轻推篮球，左手接球。

左手沿左脚向前拨球至左脚左侧。此时，球的运动轨迹形成一个字母"S"。

左手拨球，按S形路线原路返回。重复练习。

小提示

动作熟练后，球员可加快速度，全程仅指尖触球，眼睛不看球，体会手指控球的感觉，提升控球的能力。

背后绕球

背后绕球是单手从身后向对侧肩膀挑球，另一侧手接球的训练。该动作有助于球员培养手部的控球能力，掌握抛球的发力技巧，提升身体的灵敏度。

腿部微屈

双脚分开，间距比肩宽，双手持球于身前。

在腰部水平位置发力挑球

换右手持球，托球至腰部右侧，向身后绕球。

当球绕至腰后一侧时，手腕发力，将球挑向对侧肩膀。

球的位置不要太低，在肩膀上方下落

球从左肩落下，左手接球，再递给右手，重复练习。

小提示

训练初期，可微侧身观察球的运动路线，体会不同力度对球运动路线的影响，同时提高接球率；熟练后，双眼不看球，提升球感。

颈部转腰部绕球

颈部转腰部绕球是双手交替配合，由上至下依次完成一次颈部绕球和腰部绕球。注意两个部位的绕球动作间的衔接性，逐渐加快速度，进行有节奏的绕球，提升球感。

双脚分开，间距比肩宽，双手持球于胸前。

换右手持球，托球至右耳一侧，开始沿颈部向后绕球。

左手上抬从颈后接球，完成一次颈部绕球。

运球至胸前，换右手持球，托球至腰部右侧。

开始将球沿右腰侧向身后绕球，左手从身后接球。

完成一次腰部绕球。

腰部转颈部绕球

腰部转颈部绕球是双手交替配合，由下至上依次完成一次腰部绕球和颈部绕球。逐渐加快速度，进行有节奏的绕球，体会手腕旋转和手指控球的感觉。

双脚分开，间距比肩宽，双手持球于身前。

换右手持球，托球至腰部右侧，将球沿右腰侧向身后绕球。

当球绕至身后，左手从身后接球。完成一次腰部绕球。

运球至胸前，换右手持球，托球至右耳侧。

沿颈部向后绕球，左手上抬从头后接球。

完成一次颈部绕球。

腰部转膝部绕球

腰部转膝部绕球是双手交替配合，由上至下依次完成一次腰部绕球和膝部绕球。注意两个部位的绕球动作间的衔接性，逐渐加快速度，进行有节奏的绕球，提升球感。

双脚分开，间距比肩宽，双手持球于身前。

换右手持球，托球至腰部右侧，将球沿右腰侧向身后绕球。

当球绕至身后，左手从身后接球。完成一次腰部绕球。

屈髋屈膝放低重心，双手放低，将球置于膝部前方。

换右手持球至右膝一侧，托球沿膝部向后绕球。

双膝微收

当球绕至膝部后方，左手从后方接球。完成一次膝部绕球。

膝部转腰部绕球

膝部转腰部绕球是双手交替配合，由下至上依次完成一次膝部绕球和腰部绕球。注意两个部位的绕球动作间的衔接性，逐渐加快速度，进行有节奏的绕球，提升球感。

屈髋屈膝放低重心，双脚间距等肩宽，双手持球于膝部前方。

换右手持球至右膝一侧，托球沿膝部向后绕球。

当球绕至膝部后方，左手从后方接球。完成一次膝部绕球。

托球底部

起身，左手将球交给右手。

伸直双腿，右手托球至腰部右侧，将球沿右腰侧向身后绕球。

当球绕至身后，左手从身后接球。完成一次腰部绕球。

快速全身绕球

快速全身绕球是一项综合性绕球训练，是指由上至下依次完成一次颈部绕球、腰部绕球和膝部绕球。全程保持快速，注意动作的连贯性和流畅性，进行有节奏的绕球，提升球感。

双脚分开，间距等肩宽，右手托球至右耳一侧。

沿颈部向后绕球，完成一次颈部绕球。

左手运球至胸前，换右手持球，托球至腰部右侧。

沿右腰侧向身后绕球，完成一次腰部绕球。

屈髋屈膝放低重心，双手放低，将球置于膝部前方。

换右手持球，沿膝部向后绕球。完成一次膝部绕球。重复练习。

原地单手抛接：换手

原地单手抛接动作主要是通过屈曲手腕的方式，用一侧手的指尖将球抛向对侧手。该动作能提升手部的控球能力，增强手腕的灵活性和力量。

挺直背部，目视前方

双脚分开，间距等肩宽，两臂屈肘，左右张开，右手五指张开，掌心向上托球。

目视前方

屈曲右手腕，发力将球抛向左上方，球沿高于头部的抛物线运动。

身体不晃动，仅双手来回抛接球

当球在左侧下落时，左手五指张开，牢牢接球，继续回抛篮球至右手。重复练习。

小提示

抛球时，屈曲手腕，五指同时内收，指尖朝向抛球的方向。训练初期，可抬头观察篮球的移动路线，以便对侧手能准确接球，同时不断调整抛球力度。双手抛球时，力度一致，直至篮球形成稳定的移动路线，即使速度加快，不看球也能准确接球。

手指拨球-手指交互传球

　　手指拨球主要是通过屈曲手腕的方式，用指尖将球拨出，在双手间来回传递球。该动作能提升手部的控球能力，增强手腕的灵活性和力量。

挺直背部，目视前方

双脚分开，间距等肩宽，两臂于胸前伸直，双手掌心相对持球。

用指腹和指尖拨球，力度要大

换右手持球，五指张开，大力控球。屈曲右手手腕并发力，通过手指将球拨向左手。

掌心尽量保持相对

左手接球，再以同样的方式回拨球。双手重复练习。

细节展示

小提示

注意拨球的速度要快，让球在双手间来回快速地传递。当拨球速度放缓时，接球时掌心可能会向上托球，此时尽量用指腹控球，掌心不触球。

身前抛接球、身后击掌

身前抛接球、身后击掌主要是将球抛向上空至回落的过程中，双手快速在身后击掌1~3次，并能及时接住球。该动作有助于提升手腕发力的技巧，同时增强身体的灵敏性。

挺直背部，
屈肘90度

五指张开，
牢牢控球

▌双脚分开，间距等肩宽，两臂屈肘，双手持球于胸前。

▌双手发力，将球垂直抛向上方，双手伸向背后，击掌1~3次。

▌当球下落时，双手准确接球。重复练习。

正面视角

point
技术要点

调整手腕发力

抛球时，球的运动路线竖直朝上，不要太前或偏后，否则接球时，需要移动身体去够球，容易导致身体失衡或失球。可经过重复训练，提升手腕发力的技巧，掌握抛球的高度。接球时，身体尽量保持稳定。

身前抛球、转身、身后接球

身前抛球、转身、身后接球主要是球抛向上空，转身在身后接住回落的球。该动作主要锻炼手部的控球能力，以及保持身体平衡的能力。前转及后转都要练习。

挺直背部，
目视前方

双脚分开，间距等肩宽，两臂屈肘，双手持球于身前。

双手发力，将球垂直抛向上方。

掌心向
上托球

快速前转180度，双手伸向背后，接住回落的篮球，站稳，面向新方向。

 小提示

转身接球时，注意保持身体稳定，接球要及时。抛球过高，转身后球还未回落；抛球太低，转身时，球已落地。

point
技术要点

调整手腕发力

抛球时，球的运动路线竖直朝上，不要太前或偏后，否则转身接球时，容易失球。可经过重复训练，提升手腕发力的技巧，掌握抛球的高度和角度。

单手向上挑球

单手向上挑球主要是通过持球手屈曲手腕的方式，用指尖将球垂直抛向上空。该动作能提升手部的控球能力，使球员掌握手腕发力的技巧。

挺直背部，目视前方

双脚分开，间距等肩宽，右臂伸直，掌心向上托球。

球过头顶

屈曲右手腕，发力将球垂直抛向上方。

五指张开，托球底部

当球下落时，右手准确接球。重复练习。

侧面视角

屈腕，力度传至手指

point
技术要点

调整手腕发力

抛球时，球的运动路线竖直朝上，不要太前或偏后，否则接球时，需要移动身体去够球，容易导致身体失衡或失球。可经过重复训练，提升手腕发力的技巧，掌握抛球的高度。接球时，目视球的运动路线，身体尽量保持稳定。

双手向上挑球

双手向上挑球主要是双手持球，通过屈曲手腕的方式，用指尖将球垂直抛向上空。该动作能提升手部的控球能力，使球员掌握手腕发力的技巧。

挺直背部，目视前方

五指张开，牢牢控球

双脚分开，间距等肩宽，双臂前伸，掌心向上托球。

屈曲手腕，发力将球垂直抛向上方。

当球下落时，双手准确接球。重复练习。

正面视角

小提示

抛接篮球时，双手施力的力度一致；球的运动路线竖直朝上，不要太前或偏后；观察球的运动路线，不要移动身体去够球，避免造成身体失衡或失球，尽量保持身体稳定。

单手头上抛接球

单手头上抛接球主要是通过屈曲手腕的方式，单手将球垂直投向上空。该动作可初步培养球员进行投篮的感觉，熟悉投篮时手腕发力的技巧。

掌心向上

五指张开，
牢牢控球

双脚分开，间距等肩宽，左手置于球一侧，右手屈肘90度，托球于额头前方。

伸直双臂，屈曲右手腕，发力将球垂直向上抛，左手不发力，仅作为辅助。

当球下落时，双手准确接球。重复练习。

正面视角

辅助手

小提示

单手抛接篮球时，仅托球的手发力，另一只手在球侧做辅助，无须发力。托球的手接住回落的篮球时，保持原手型。球员需反复练习，培养投篮的习惯和球感。

第 3 章
运球训练

　　运球是篮球运动中必不可少的一部分，是一种使球移动的方式。良好的运球技术，可以使球员在移动过程中保持对球的控制，每一个球员都应掌握运球技术。运球虽然重要，但要有目地运球，不要养成一接到球就开始运球的习惯。

基本运球

3.1 运球基础动作

运球是球员应具备的基本技术，左右手皆需熟练掌握基本运球技术。运球时，不要低头看球，双手不能同时触球，更不能让球在手中停留。

挺直背部，目视前方

辅助手护球，运球手手臂伸直

眼睛不看球

五指张开，向上屈曲手腕

屈髋屈膝放低重心，以三威胁姿势持球。

屈曲右手腕，发力将球向下拍，左手在球前护球。

接球时，五指尽可能张开迎球，随球回弹，顺势向上屈曲手腕，再次运球。

小提示

运球时，五指张开，尽可能加大控球面积，但掌心不触球，屈曲手腕，带动手指进行拍击动作。眼睛不看球，观察全场情况。篮球始终落在运球同侧脚前方，速度由慢到快，反复训练，使手部记住运球的感觉，提升球感。

食指运球

食指运球主要是指仅用运球手的食指进行运球。注意体会指腹施力的感觉，左右手都可以进行练习。

屈髋屈膝放低重心，以三威胁姿势持球。

伸直食指，右手其余四指微握，屈曲右手腕，用食指指腹将球向下按，左手在球前护球。

小提示

因运球时指腹触球，故通过食指来运球完成该练习，强化手指运球的感觉。注意，无须大力拍球。

对墙运球

对墙运球就是面对墙壁,有节奏地将球推向墙壁。此动作适合单人练习,球员可根据球回弹的力度不断调整手腕和手指的发力,提升手部对球的掌控力。仅手臂运动,不要掉球。

右手掌心向上托球,屈肘约90度,面对墙壁站立。

身体不晃动

前臂前伸,屈曲右手腕,通过指腹施力将球推向墙壁。

五指张开

篮球击在墙面后回弹,五指接球。重复练习。

 小提示

要进行快速、有节奏地对墙运球,就需要五指有意识地控制篮球。因距离墙壁较近,需要手腕更频繁地转动,所以有助于增强手腕的灵活性。

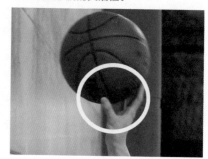

换手运球练习：双手

运球时将篮球在体前从左手交换到右手，或者从右手交换到左手，是一种常见的打法，有助于球员快速转换方向。

双脚分开，间距比肩宽，屈髋屈膝放低重心，目视前方，右手大力控球，右臂伸直外展。

屈曲右手腕，发力朝左下方拍球，使球落地于双脚中位的前方。

球击地向左侧反弹，左手接球，左臂伸直外展，向右下方运球。双手交替，重复向对侧运球。

 小提示

运球时，用手腕的力量带动指腹施力，向下拍球，动作要干脆利落；全程始终保持低重心，多次训练，调整施力的力度与方向，使球尽量在同一地点降落；身体不随球的运动而左右晃动。

053

一点运球

一点运球是指双手交替拍球，从胯下穿过，篮球应尽量落于双腿间同一点。训练过程中，速度由慢到快，有节奏地拍球、绕球，双手发力一致，尽量使球的落点一致。

屈髋屈膝放低重心，以三威胁姿势持球。

屈曲右手腕，发力朝胯下运球，球于双腿间击地，左手在身后准备接球。

球击地向左腿后侧反弹，左手于身后接球，运球至身前。

屈曲左手腕，发力朝胯下运球，球于双腿间击地，反弹至右腿后侧，右手接球。重复练习。

三点运球

三点运球是指双手交替拍球，球在身体左侧、双腿间、身体右侧各击地一次。和一点运球一样，训练过程中，速度由慢到快，有节奏地拍球、绕球，双手发力一致，尽量使球的落点一致。

屈膝，以三威胁姿势持球。屈曲右手腕，在身体右侧运球击地。

发力朝胯下运球，球于双腿间击地。

球击地向左腿后侧反弹，左手于身后接球，运球至身前。

屈曲左手腕，在身体左侧运球击地。接着继续向胯下运球，右手接球。重复练习。

读数字

读数字练习由两名球员参加，一名球员一边运球，一边读出另一名球员比画的数字。该练习可以提升球员在运球时的反应能力，使其学会在赛场上观察现况，并能与队友及时交流。

两名球员为一组，面对面站立，一名球员原地运球，另一名球员单手比画数字。

辅助手护球

持球员不看球运球，不断念出搭档比画的数字。交换角色，重复练习。

小提示

此训练可使球员养成运球时不看球的习惯，同时学会在运球时观察球场现况、及时与队友交流。

直线运球：in-out

"直线运球：in-out"，也称内外运球，即运球时，将球由内向外变向运球，摆脱防守。注意身体重心的变化与球的方向始终一致。

> 观察对手，放低重心

运球前进，模拟前方有防守球员，放低重心运球。

> 目测与对手的距离

运球的同时注意寻找机会，准备进行变向运球。

> 侧翻手腕，改变运球方向

左脚快速向前迈一步，重心稍左移，由外向内横向移动球，眼睛看向左前方，使防守球员误以为要向左前方进攻。

> 重心右移

向外移动球，同时重心右移，运球跑向新方向，使防守球员来不及变向，摆脱防守。

直线运球：假急停

在直线运球时，面对前方的防守球员，持球球员可以先突然停止前进，再快速运球至新方向，摆脱防守。

运球前进，模拟前方有防守球员。

目测与防守球员的距离，突然停止跑动，进行假急停。

屈膝放低重心，继续运球，看向防守球员，等其靠近。

抓紧时机，提高重心，突然起身跳向新方向。

加速前进

防守球员来不及变向，成功摆脱防守。

小提示

面对防守时，可以通过身体姿势的变化，使防守球员做出错误判断。假急停时，要注意改变方向时，动作要快速、突然，使防守球员猝不及防。注意身体重心的变化，在跳起前，降低身体重心，保持身体平衡，为后续的改变方向打好基础。

体前变向

体前变向是运球时让球在身体前方进行左右移动的进攻技术，常应用于过人或变换方向的场景。当防守球员在身前，运用体前变向时球容易被抢断，建议在双方距离不太近时使用该技术。

运球前进，模拟前方有防守球员。

放慢脚步，小步运球前进。

继续运球，放低身体重心，篮球在身体右侧击地。

重心左移

屈曲右手腕，发力朝左下方拍球，篮球在身前击地反弹，换左手运球。

快速起身，运球跑向左前方。

小提示

准备进行体前变向运球时，要有意识地降低身体重心。上半身微屈可起到护球的作用。注意改变方向时，身体重心立刻转移，动作要快速、突然，加大步伐，使防守球员猝不及防。

胯下运球

"胯下运球"是让球穿过双脚，切换运球手，改变运球方向的技术。运用该动作，球不易被抢断。当与防守球员距离不远时，可使用该动作。

双手持球于右侧腰前方，双脚前后错开，准备运球前进。

运球前进，左脚向前迈一大步，加大双脚间距，屈膝放低重心，屈曲运球手手腕，发力朝胯下运球。

篮球于双腿间击地反弹，左手在另一侧接球。

快速起身，右手护球，左手运球跑向新方向，甩开防守。

小提示

一侧脚向前迈能起到保护球的作用，阻挡防守球员靠近。运球时，始终观察对手情况，不能低头看球。

背后运球

"背后运球"是让球在身后改变方向，同时切换运球手的技术。左右手都需练习。当与防守球员距离很近时，进攻路线被封堵，可使用该动作，利用身体来护球。

双手持球于右侧腰前方，双脚前后错开，准备运球前进。

模拟前方有防守球员，观察前方情况，继续运球前进。

向后大幅摆臂

屈髋屈膝放低重心，呈半蹲姿势，同时屈曲右手腕，将球运向身后。

篮球于身后击地反弹，左手后转接球。

右手护球，左手运球跑向新方向，甩开防守。

 小提示

球员背后运球时，因为眼睛看不到球，只能依靠平时培养的球感及熟练的手腕发力技巧来接球，故平时的练习非常重要。注意改变方向时，身体重心立刻转移，动作要快速、突然，加大步伐，使防守球员猝不及防。

转身运球

　　"转身运球"是单手控球进行转身，转身后立刻切换运球手的技术。左右手都需练习。当持球球员进攻路线被封堵或将被抢断时，可使用该动作，用身体来护球以向新方向移动。

双手持球于右侧腰前方，双脚前后错开，准备运球前进。

模拟前方有防守球员，放慢脚步，小步运球前进。

突然停止前进，双脚前后错开，准备进行转身运球。

以前脚为轴，迅速向后转身，同时牢牢控球。

转身后，切换运球手，使球远离防守球员，朝新方向前进。

小提示

　　转身运球时，五指大力控球，球不能离身体太远。转身运球前，要眼观全场，避免转身后被另一个方向的防守球员拦截。注意改变方向时，身体重心立刻转移，动作要快速、突然，加大步伐，使防守球员猝不及防。

背后交替运球

背后交替运球是一项基础运球技术，可以培养球员运球时不看球的习惯，同时培养其在身后切换手运球时的球感。多次练习，掌握稳定的发力力度与控球角度，做到快速运球也不失球。

向后大幅摆臂

屈髋屈膝放低重心，以三威胁姿势持球。

右手大力控球，右臂外展。

重心放更低，屈曲右手腕，将球运向身后，球于双脚中位后侧击地。

手臂伸直

背面视角

球于身后击地反弹，左手后转接球，外展左臂，继续在身后朝右运球。重复练习。

身前身后交替运球

　　身前身后交替运球是接连在身前、身后运球，使球员熟练使用不同的方式连续运球，增大摆脱防守的概率。

屈髋屈膝放低重心，以三威胁姿势持球。

右手大力控球，右臂外展。

重心放更低，屈曲右手腕，将球运向身后，球于双脚中位后侧击地。

球于身后击地反弹，左手后转接球，外展左臂，向前运球。

屈曲左手腕，发力朝右下方拍球，球落地于双脚中位前方。

球击地向左侧反弹，右手接球。重复练习。

摸锥桶运球练习：体前

此练习是球员在保持低重心状态下，进行体前变向运球，运球手接球后，非运球手触摸锥桶。该动作有助于球员养成低重心运球的习惯。

屈髋屈膝放低重心，以三威胁姿势持球，身前放置一个锥桶。

屈曲右手腕，发力朝左下方拍球，左手准备接球。

球在身前击地反弹，左手接球，同时右臂伸直，触摸锥桶。

左臂伸直外展，发力朝右下方拍球，球在身前击地反弹，右手接球，同时左臂伸直，触摸锥桶。

摸锥桶运球练习：胯下

此练习是球员在保持低重心状态下，进行胯下运球，同时非运球手触摸锥桶。该动作有助于球员养成低重心运球的习惯。

双手持球于右侧腰前方，双脚前后错开，身前放置一个锥桶。

右手大力控球，右臂外展，左手触摸锥桶，准备进行胯下运球。

重心放低

屈曲右手腕，发力朝胯下运球。篮球于双腿间击地反弹，左手接球，右手触摸锥桶。

左手再次进行胯下运球，右手接球的同时，左手触摸锥桶。

双球练习：身前身后运球

"双球练习：身前身后运球"，是指球员双手同时运球，一侧手进行身后运球，另一侧手进行身前运球，运球后双手交换接球。该训练能提升球员用左右手在不同方式下运球的能力。

屈髋屈膝放低重心，双手各托一球，与胸部位置齐平，身前竖列三个锥桶，间隔摆放。

打开双脚，间距比肩宽

双手同时运球至第一个锥桶前，右脚向前迈一步，双手向右侧运球。

身体左转，左脚前迈，双脚平行，同时右手朝身后进行背后运球，左手运球于身前击地，双手交换接球。

换左手进行身后运球，右手进行身前运球

双手迅速交换前后位置，接住反弹的球，两球位置互换。双手向左侧运球至第二个锥桶前，向右转身，双手交换运球方式。完成三个锥桶的练习。

双球练习：转身运球

"双球练习：转身运球"，是指球员双手同时运球，以锥桶为中心，进行转身运球。该训练能提升双手运球的能力，特别是非惯用手运球的能力。

屈髋屈膝放低重心，双手各托一球，与胸部位置齐平，身前竖列三个锥桶，间隔摆放。

双手同时运球至第一个锥桶前，右脚向前迈一步，双手向右侧运球。

以左脚为轴，双手运球的同时，向后转身180度。

转身后，侧对锥桶运球。

双手继续运球，向右转身90度，到达第二个锥桶前。

以右脚为轴，继续进行转身运球，直至完成第三个锥桶的练习。

运球击掌练习

运球击掌练习由两名球员参加，在规定时间内，同时运球，并用非运球手多次击掌。左右手皆需练习。该练习可以提升球员在运球时的反应力和观察力，使球员学会与队友及时交流。

两名球员为一组，面对面站立，屈髋屈膝放低重心，以三威胁姿势持球，两人距离不超过两臂长。

两名球员同时进行右手原地运球，运球过程中，同时用左手击掌。左右手各训练 1 分钟。

体前变向：带防守

体前变向练习模拟防守球员在进攻路线上进行阻拦，进攻球员使用体前变向技术摆脱防守的情景。

因篮球在身前运动，易被抢断，所以应至少一臂距离远的地方就开始进行体前变向运球。

进攻球员右手运球前进，防守球员呈防守基本姿势展开防守。

当双方距离拉近，进攻球员放慢脚步，小步运球前进，防守球员重点防守左侧方向。

进攻球员身体重心放低，进行体前变向运球，将篮球从右手运向左手。

换左手运球，快速起身，右脚向左前方迈一大步，从防守球员身前越过，运球跑向左前方，甩掉防守。

胯下运球：带防守

　　胯下运球练习模拟防守球员近距离防守时，进攻球员使用胯下运球技术摆脱防守的情景。实战中，胯下运球使用率很高，球员需熟练掌握。注意，球不要触碰双腿。

进攻球员右手运球前进，防守球员呈防守基本姿势展开防守。

当双方距离拉近，进攻球员放慢脚步，小步运球前进，防守球员近距离进行防守。

进攻球员左脚向前迈一大步，加大双脚间距，屈膝，身体重心放低，发力朝胯下运球，将篮球从右手运向左手。

换左手运球，快速起身，运球跑向左前方，甩掉防守。互换角色，重复练习。

背后运球：带防守

　　背后运球练习模拟防守球员近距离防守时，进攻球员使用背后运球技术摆脱防守的情景。背后运球难度较大，需多加练习才能熟练掌握。注意整个过程不要减慢运球速度。

进攻球员右手运球前进，防守球员近距离进行防守，进攻球员非运球手前伸护球，阻挡防守球员靠近。

进攻球员身体重心放低，将球运向身后，进行背后运球，将篮球从右手运向左手。

进攻球员左手后转接球。

非运球手阻拦
防守球员靠近

换左手运球，快速起身，运球跑向左前方，甩掉防守。互换角色，重复练习。

转身运球：带防守

转身运球练习模拟防守球员贴身防守时，进攻球员使用转身运球技术摆脱防守的情景。转身时速度要快，注意进行小半径的旋转，旋转脚不要离中轴脚太远，保持重心稳定。

进攻球员右手运球前进，防守球员呈防守基本姿势展开防守。

当双方距离拉近，进攻球员放慢脚步，小步运球前进，防守球员进行贴身防守。

进攻球员停止前进，左手挡在防守球员身前，准备进行转身运球。

以前脚为轴，迅速向后转身运球，用身体护球。

背对防守球员，同时右手拍球击地。

转身完成，球弹起时，左手运球，跑向左前方，甩掉防守。互换角色，重复练习。

运球的同时互断对方球

运球同时互断对方球练习是一项综合训练，主要是两名球员搭档练习，运球的同时，互为攻、守方，在保护自己球的同时将对方的球拍出中圈。

两名球员为一组，面对面站立在中圈内，屈髋屈膝放低重心，均以三威胁姿势持球。

同时开始运球，并拉近双方距离。

一边运球，一边用非运球手在身前护球，或伸手拍打对方的球。此过程中，运球不能停。

率先抢断对方球的球员获胜。两名球员回归原始位置，重复练习。

小提示

练习中，球员可灵活使用体前变向、胯下运球、背后运球、转身运球等技术，避免球被抢断，同时也要学会观察对方，快速抢断。该练习有助于提高球员在实战中的控球能力、观察能力及应变能力。

突破两名防守球员

　　突破两名防守球员练习主要是用两个锥桶模拟防守球员，进攻球员运球从中突破进攻。实战中，为了防止进攻方进入自己的半场，防守方往往会安排两名球员对进攻球员进行施压。

屈髋屈膝放低重心，两脚分开，间距比肩宽，双手持球于双膝前。身前并列放置两个锥桶，模拟两名防守球员。

右手运球，向右侧锥桶方向前进，非运球手在身前护球，模拟吸引防守球员将注意力放在左侧。

非运球手护球

进行体前变向，将球运向左前方，模拟躲避右前方防守球员，并抓住时机，加速从两个锥桶间大跨步穿过。穿过的同时，向内侧翻手腕，将球推向右侧，模拟躲避左侧防守球员上前抢夺。

从锥桶间运球突破后，调整姿势，切换左手运球，快速跑向左前方，甩开两名防守球员。

变速运球：从控制性运球变为快速推进运球

变速运球具有迷惑性，运球速度突然改变，可以扰乱对手的防守计划，有助于摆脱防守。进攻球员被严密盯防时，就可以使用控制性运球，护球的同时牢牢控制球。

屈髋屈膝放低重心，以三威胁姿势持球，站在三分线内。

运球高度不要超过膝盖

右手运球前进，模拟有防守球员在前方进行防守，进行控制性运球。

目视前方，放慢速度，将球尽量控制在身体附近，观察赛场情况，抓住变速运球时机。

快速推进运球，步伐变大，手腕屈曲，带动手指发力。在跑动状态下，不断将球推向前方。

变速运球：从快速推进运球变为控制性运球

进攻球员处于比较宽松的进攻环境下、必须将球快速运到无人防守区时，以及快攻时可直接切入篮下时，可以使用快速推进运球。在突然降速的情况下，保持身体平衡并牢牢控球，难度较高，球员须多加练习。

屈髋屈膝放低重心，以三威胁姿势持球，站在三分线内，右手运球前进。

运球高度超过膝盖

快速推进运球，步伐变大，手腕屈曲，带动手指发力。在跑动状态下，不断将球推向前方。

观察赛场情况，开始控制性运球，放慢速度，步伐变小，手腕将球向后拉。

逐渐将球尽量控制在身体附近，小步运球前进。

托尼·帕克运球

托尼·帕克运球是进攻球员面对近距离防守时,将球从防守球员一侧手臂上方绕过,改变运球方向、摆脱防守的技术。

进攻球员屈髋屈膝放低重心,以三威胁姿势持球,防守球员面对其呈防守基本姿势。

进攻球员右手运球,右脚向前迈一大步,模拟吸引防守球员将注意力放在左侧。

进攻球员抓住时机,快速起身,右手大力控球,侧翻手腕,将球从防守球员的右臂上方绕过,将球运向防守球员身后,同时右脚朝左迈。

球在防守球员身后击地,进攻球员换左手运球,迅速跑向篮下,甩掉防守。

圆圈捉人

　　圆圈捉人是由两名球员搭档练习（一人为捉人者，一人为被捉者），同时在中圈线上运球跑动，进行捉人。在这个过程中，球员要持续进行变速运球，提升对篮球的掌控能力。

两名球员为一组，面对面站立在中圈附近，屈髋屈膝放低重心，均以双脚平行的三威胁姿势持球。

两名球员一人扮演捉人者，一人扮演被捉者，同时沿中圈线运球。

两名球员一边运球，一边观察对方，采用不同的运球技巧，及时变换运球速度和方向，以捉人或避免被捉住。

当捉人者抓住被捉者后，两人互换角色，回归原位，重复练习。

　　捉人者可快速推进运球，追逐被捉者，被捉者可采用胯下运球、背后运球、转身运球等方式，避免被捉住。

第4章
传接球训练

除了运球，传接球也是一种篮球运动技术，而且传球时，篮球移动的速度更快。传接球是球队进攻时的重要组成部分。有效的传接球是指持球球员将球准确地传给队友且不被抢断。有效的传接球能为球队创造更多的投篮机会，同时也有助于球队持续控制球权，进而掌控整个比赛。

接球准备姿势

传接球技术不仅对球员的传球技术有严格的要求，对接球技术也有高标准。注意接球时指尖不要正对篮球，否则容易失球，甚至误伤手指；接球后，迅速做出下一个动作。

双手微握

可以轻轻跳起

屈髋屈膝，双脚打开，间距比肩宽，两臂屈肘于胸前，掌心朝前，呈身体基本姿势。

紧盯篮球，伸直两臂，掌心正对篮球，向前迎球。

五指张开，牢牢接球，以三威胁姿势持球。

细节展示

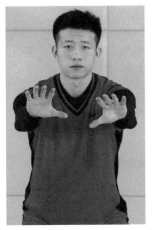

小提示

当身边有防守球员或球无法刚好传到手中时，要向球传来的方向跑动接球，否则容易失球。尤其当自己处于空位或进攻有利位置时，可举手示意队友传球。应养成双手接球的习惯，放低重心，保持身体平衡。

胸前传球

胸前传球是一种比较常见的传球方式，其特点是速度快、准确度高。在和队友之间没有防守球员或距离较近时，球员通常使用胸前传球。

目视传球方向

肘部微内收

屈髋屈膝放低重心，双脚分开，间距等肩宽，两臂屈肘，双手持球于胸前。

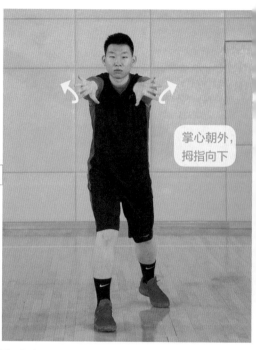

掌心朝外，拇指向下

大步迈出一侧脚，伸直两臂，手腕外旋发力，手背相向，使球后旋传出。

侧面视角

小提示

篮球运动是一项需要全身部位配合的运动，而不只是依赖身体某一部分运动或发力就能完成。传球时，不仅需要手部发力将球推出，还需要腿部迈步蹬地发力，将下半身的力量传导给篮球，使传球更快速有力。

头顶传球

头顶传球是指在头部上方将篮球传出。当防守球员贴身防守时，或在开展快攻前，持球球员想将球传给切入篮下的队友时，可以使用头顶传球。

球与头部距离不能太远

挺直背部，目视传球方向，双脚前后错开，两臂屈肘，双手持球于头顶。

手臂向外翻转

球从食指和中指传出

大步迈出一侧脚，伸直两臂，屈曲手腕，向下发力，使球从头顶方向传出。

侧面视角

小提示

传球时，将篮球置于头顶上方或稍往后，然后迈出一侧脚保持身体稳定，重心前倾，快速将球传出。但不要将篮球移向脑后，因为从这个位置传球容易被身后的防守球员抢断，同时也会花费更多的时间移动球，影响传球效果。

击地传球

击地传球是一种将篮球推向地面后反弹至队友方向的传球技术。当防守球员贴身防守时，持球球员可以采用击地传球的方式，使球从防守球员张开的双臂下传出。该动作常用于内线传球。

掌心相对，持球的稍后位置

屈髋屈膝放低重心，双脚分开，间距等肩宽，两臂屈肘，双手持球于腹前。

大步迈出一侧脚，伸直两臂，手腕外旋，带动手指向下发力，手背相向，使球后旋传出。

侧面视角

小提示

传球前，确定目标，向目标方向迈大步，手腕和手指同时向下发力。在球出手时拇指用力将球往下按，蹬地发力，将球向前方地面推出，球击地反弹至队友方向。

勾手单臂传球

勾手单臂传球是进攻球员面对比较严密的防守时，单手将球击地传出的传球方式。左右手都要练习，要熟练掌握该动作。

辅助手
不发力

重心随
之侧移

屈髋屈膝放低重心，以三威胁姿势持球。

向一侧迈一大步，同侧手臂勾手发力，手臂伸直，将球向前方地面传出。

侧面视角

 小提示

球离手时，手指向上，利用手腕发力向前推球，然后快速回拨手腕，将球击向地面。球击地反弹，传到队友手中，躲避防守球员的拦截。

背后传球

背后传球是将篮球从身后传给队友的传球方式，是球员的必备技能。左右手皆需熟练掌握。面对防守时，可使用背后传球，趁其不备快速将球从背后传给队友，突破防守。

屈髋屈膝放低重心，以三威胁姿势持球。

向传球方向微转身，传球手臂运球至腰部后侧，伸直手臂，手腕和手指发力，将球传出。

侧面视角

小提示

传球前，可移动篮球进行试探，使防守球员误以为会在身前传球，同时配合眼神，不正视传球方向，然后再将球从身后传出。用余光确定传球的方向和力度，确保传球的准确性。

保龄球传球

保龄球传球是指用类似打保龄的手部姿势将球传出的传球方式，其下半身姿势与打保龄球姿势不同。

手腕向上屈曲

| 屈髋屈膝放低重心，双脚分开，间距等肩宽，两臂屈肘，双手持球，一侧手托球，另一侧手扶球侧。 | 大步迈出一侧脚，伸直两臂，托球的手腕向上屈曲，带动手指自下向上发力，将篮球传出。 |

侧面视角

 小提示

注意传球时的双手配合，传球手手腕向上屈曲，带动手指发力向上拨球；非传球手不发力，但依旧轻扶球的一侧以护球。该动作传球力度不大，可借用迈步蹬地的力度，加大传球力度与速度。

口袋传球：击地

口袋传球，是指将篮球从裤子口袋位置传给队友的传球方式。左右手皆需熟练掌握。面对防守时，可使用口袋传球，将球传向身后的队友。

传球手握球上部，辅助手在侧下方托球

双手持球于一侧腰前方，双脚前后错开，上半身微前倾，头部微后转，观察传球方向。

在裤子口袋位置出手

传球手向后伸直，屈腕，带动手指发力，将篮球从裤子口袋位置传出，使球击地反弹至队友手中。

细节展示

手指向后，掌心朝内

point
技术要点

注意传球的力度与角度

不要刻意追求球刚好从裤子口袋位置传出，避免使球朝后上方运动。传球前，确认并暗示接球队友，准确将球传至队友正前方。

小提示

口袋传球时，手指向下发力。篮球传出后会击地反弹向队友，给队友一定的时间准备接球，降低失球率。

头上勾手传球

头上勾手传球，是单手将篮球从头顶一侧传给队友的传球方式。左右手皆需熟练掌握。当防守球员呈低重心姿势防守时，进攻球员可突然起身进行头上勾手传球，使球越过防守球员传出。

双脚打开，间距比肩宽，双手持球于传球手同侧的肩部，头部转向传球方向。

传球手持球上移至头顶，身体重心移向传球方向，屈曲腕关节，带动手指发力，将篮球传出。

侧面视角

小提示

传球时，手腕和手指向下发力，传向对侧方向。托球上移时，球不要移至头部后侧，否则不仅影响传球速度，还有可能会被后方的防守球员抢断。

双人胸前传球

双人胸前传球，是由两名球员搭档，进行胸前传球的练习。胸前传球可以在大多数场景下应用，球员需熟练掌握。交换角色，重复练习。

两名球员为一组，面对面站立，相距5米左右，传球球员屈髋屈膝放低重心，以三威胁姿势持球；接球球员呈基本姿势（无球时）。传球球员大步向前迈出一侧脚，伸直两臂，手腕外旋发力，手背相向，将球从胸前推出。接球球员伸出手臂，双手朝前接球。

细节展示

用食指和中指推出球，易掌控方向

point
技术要点

注意传球的距离

传球距离太远，球的运动弧线过高，容易被抢断。因此，传球前注意距离，并观察赛场情况，再沿直线将球快速传出。

小提示

实战中，先确定接球队友位置，传球前不要直视队友，眼睛看向其他方向或配合一些假动作，以此迷惑防守球员，避免一开始就暴露接球队友，提高传接球成功率。

双人头顶传球

双人头顶传球，是由两名球员搭档，进行头顶传球的练习。传球时，速度要快、路线要准。交换角色，重复练习。

两名球员为一组，面对面站立，相距5米左右，传球球员屈髋屈膝放低重心，以三威胁姿势持球；接球球员呈接球基本姿势。传球球员向前大步迈出一侧脚，伸直两臂，屈曲手腕，向下发力，使球从头顶方向传出。接球球员伸出手臂，双手朝前接球。

细节展示

手指向外，拇指向下

point
技术要点

注意传球的力度与弧度

头顶传球时，发力要足够大，将球沿直线推出。如果弧度过高，球速将变慢；如果力度小，篮球提前下落，容易被抢断。

 小提示

传球前，身体不要过度后仰；球传出时，身体微前倾，注意保持身体平衡。

双人击地传球

双人击地传球，是由两名球员搭档，进行击地传球的练习。传球时，注意球的落点。交换角色，重复练习。

两名球员为一组，面对面站立，相距5米左右，传球球员屈髋屈膝放低重心，以三威胁姿势持球；接球球员呈接球基本姿势。传球球员大步迈出一侧脚，伸直两臂，手腕外旋，带动手指向下发力，手背向前，使球后旋传出，球在前方落地，反弹至接球球员方向。接球球员伸出手臂，双手朝前接球。

细节展示

手指向下发力

point
技术要点

使篮球在两人距离的三分之二处击地

篮球在传球球员与接球球员距离的三分之二处的位置击地，球反弹后就能到达接球球员腰部的位置，便于接球球员接球。

小提示

与直线传球的速度相比，击地传球的速度相对较慢，故球反弹的距离不宜太远，否则易被抢断。若反弹距离太近，球反弹高度不够，接球球员不易接球。

双人勾手单臂传球

双人勾手单臂传球，是由两名球员搭档进行，传球球员将球从一侧传出，绕过正前方的防守球员，接球球员准确接球的练习。交换角色，重复练习。

两名球员为一组，面对面站立，相距5米左右，传球球员屈髋屈膝放低重心，以三威胁姿势持球；接球球员呈接球基本姿势。传球球员一侧脚前迈一大步，同侧手勾手向下发力，伸直手臂，将球向前方地面推出，球击地反弹。接球球员伸出手臂，双手朝前接球。

细节展示

手指向下

point
技术要点

使篮球在两人距离的三分之二处击地

篮球在传球球员与接球球员距离的三分之二处的位置击地，球反弹后就能到达接球球员腰部的位置，便于接球球员接球。

小提示

左右手都需熟练掌握。传球时，注意运球手手腕的力量，手指快速由上向下勾，将球推向地面。

双人背后传球

　　快攻至篮下时，进攻球员可使用背后传球，将篮球传给队友。因这种传球方式力度不大，队友接球后，可运球过人或者进行投篮。交换角色，重复练习。

　　两名球员为一组，相距5米左右，传球球员屈髋屈膝放低重心，以三威胁姿势持球，侧对接球球员站立；接球球员呈接球基本姿势。传球球员向右微转身，右手运球至腰部后侧，伸直手臂，手腕和手指发力，将球从身后传出。接球球员伸出手臂，双手朝前接球。

细节展示

手指朝向
传球方向

point
技术要点

球传出前，尽量双手持球

进行背后传球时，在球传出之前，尽量保持双手持球，将球控制在身体附近，以免被抢断。

　小提示

　　左右手都需熟练掌握。传球时，手腕内扣，食指、中指、无名指用力将球从臀部附近的位置传出。

双人保龄球传球

双人保龄球传球，是由两名球员搭档进行，传球球员用打保龄球的手部姿势将球传出，接球球员准确接球的练习。交换角色，重复练习。

两名球员为一组，面对面站立，相距5米左右，传球球员屈髋屈膝放低重心，双手持球，一侧手托球，另一侧手扶球侧；接球球员呈接球基本姿势。传球球员大步迈出一侧脚，托球的手腕向上屈曲，带动手指自下向上发力，将篮球传出。接球球员伸出手臂，双手朝前接球。

细节展示

手指向上，
拇指向外

point
技术要点

注意传球的力度

先向前跨步，将蹬地发出的力度传导至手部，增加传球的力度，再将球传出。因保龄球传球速度较慢，较适合用于近距离传球。

 小提示

双手都需要进行练习，非惯用手更要加强训练，加大发力的力度和提高发力的速度。

双人口袋传球：击地

　　双人口袋传球，是由传球球员从裤子口袋处将球传向地面，接球球员准确接到反弹的球的练习。
该练习是一种常见的传接球技术，有助于进攻球员躲避防守球员空中拦球。球员交换角色，重复练习。

　　两名球员为一组，相距5米左右，传球球员屈髋屈膝放低重心，双手持球于一侧腰前方，上半身微前倾，侧对
接球球员站立；接球球员呈接球基本姿势。

　　传球手向传球方向伸直，手腕屈曲，带动手指发力，将篮球从裤子口袋位置传出，使球击地反弹至队友手中。
接球球员伸出手臂，双手朝前接球。队友间的默契，影响口袋传球的成功率。在平时的练习中，有意识地用眼
神、语言、动作进行交流。

双人头上勾手传球

双人头上勾手传球的出球点较高，常用于抢篮板球后转快攻时，或在进攻时需要回传球时。传球时注意掌心向下，传球手手臂贴耳侧，侧身传球。

两名球员为一组，相距5米左右，传球球员屈髋屈膝放低重心，双手持球于一侧腰前方，上半身微前倾，侧对接球球员站立；接球球员呈接球基本姿势。

在手中转动篮球，手指用力推出篮球

传球球员左手持球，托球上移，手臂呈弧线向上伸展，同时身体向右侧微倾，当球运至头顶，手腕屈曲，带动手指发力，将球抛向右方。接球球员伸出手臂，双手朝前接球。

双球传球：上下

"双球传球：上下"练习是由两名球员搭档进行，各执一球，用胸前传球和击地传球的方式传球给对方的练习。该练习有助于提升球员的反应能力和传球准确性。

互为传球球员和接球球员

两名球员为一组，相距5米左右，双脚前后分开，放低重心，双手持球于一侧腰前方，上半身微前倾。

同时传球给对方，一名球员进行胸前传球，一名球员进行击地传球。练习一定时间后，互换传球方式。

双球传球：左右

　　"双球传球：左右"练习是由两名球员搭档进行，双方各执一球，用勾手单臂传球的方式传球给对方的练习。该练习有助于提升球员的反应能力和传球准确性。

两名球员为一组，相距5米左右，面对面站立，双脚前后分开，放低重心，双手持球于一侧腰前方，上半身微前倾。

同时传球给对方，双方均进行勾手单臂传球。为保持传球路线是独立的，两人同时用左手或右手进行传球。练习一定时间后，换手练习。

触摸锥桶传球练习

触摸锥桶传球练习，是由两名球员搭档进行传接球，其中，接球球员一侧手触摸锥桶的练习。该练习有助于提高球员的注意力，提升传接球成功率。

掌心朝向
传球方向

两名球员为一组，相距5米左右，面对面站立，身前均置放一个锥桶。一名球员屈髋屈膝放低重心，以三威胁姿势持球；另一名球员屈髋屈膝放低重心，一侧手触摸锥桶，一侧手伸直朝前。

接球前，手
不离锥桶

持球球员向前迈一步，以胸前传的方式传球给接球球员。当篮球移动到身前时，接球球员双手接球。交换角色，重复练习。

全场双人传球

全场双人传球是由两名球员搭档练习，一边跑动，一边进行传接球，从一侧底线穿越整个篮球场至另一侧底线的练习。该练习有助于提升球员的反应能力和传接球的成功率。

移动路线

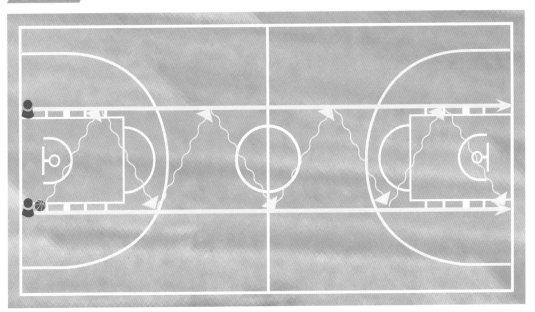

两名球员为一组，站在限制区两端的底线附近，相距5米左右，一名球员屈髋屈膝放低重心，以三威胁姿势持球。练习开始，两名球员向对侧底线直线跑动，此过程中，两人互为传球球员和接球球员，持球球员进行传球，非持球球员接球，直至穿过全场，跑到对侧底线。

point 技术要点

提高身体灵活性

在跑动中，互相进行准确的传接球是非常重要的，这考验球员的观察能力。球员要找准时机，将球传至搭档身前，使对方能刚好接住球。同时，传球的速度不能太慢，要跟上跑动的速度。

小提示

根据练习的需要，确定合适的互相传球次数，可定为8次、5次、3次。全场跑动，对球员的身体耐力有一定要求。即使在较疲惫状态下，球员也要保证传接球的准确性与动作的规范性。养成良好的习惯，以良好状态应对实战。

机关枪传球

机关枪传球，是由三名球员搭档练习传接球，其中一名球员不持球，过程中，每位接到球的球员将球传出，随后又接另一个不同球员的传球的练习。

三名球员为一组。以球员C为中心进行练习，球员A、B均持球，球员C呈接球基本姿势。

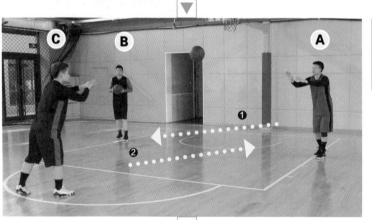

球员A进行胸前传球，将篮球传给球员C。球员C接球，再以相同方式回传给球员A。

球员C转身面向球员B，球员B随即向前迈一步，进行胸前传球，将篮球传给球员C。球员C接球，再以相同方式回传给球员B。三名球员交换角色，重复练习。

2对1传球

2对1传球，是由三名球员搭档练习，两名球员互相进行传接球，一名球员作为防守球员阻止传球球员传球的练习。该练习模拟实战中，在有防守球员的情况下进行传接球。

三名球员为一组。球员A持球，与球员B面对面站立，各站在限制区两侧边线附近；球员C位于球员A、B之间，呈防守基本姿势。

球员A传球给球员B，球员C上前进行阻拦。

球员B接球，同时球员C转身跑向球员B，进行防守，干扰其传球。球员B进行传球。练习一定时间后，三名球员交换角色，重复练习。

103

2对1传球：吊高球传球

吊高球传球是指传球球员以高抛球的方式，使篮球从防守球员上方越过，传给队友，这是一种比较常见的打法。

间隔3~5米

三名球员为一组。球员A持球站在三分球线上，球员C对在同一位置区的球员进行防守。

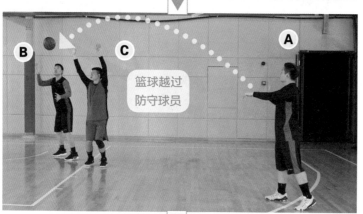

篮球越过防守球员

球员A将球高抛，传向球员B；球员C上前跳起进行抢球；球员B绕至球员C身后，双手接球。

球员B接球后，立即转身进行投篮，此为一组完整的练习。三人交换角色，重复练习，每组练习时间为1~2分钟。

2对1传球：轮流传球

轮流传球练习由三名球员搭档进行，每一次传球球员将球传出后，便与防守球员交换位置，跑去防守接球球员，阻止其进行传球。该练习可作为热身运动。

三名球员为一组。球员B持球，与球员A面对面站立，各站在限制区两侧边线附近；球员C位于球员A、B之间，防守准备传球的球员B。

防守球员成为接球球员

球员B将球传给球员A，球员C和球员B互相交换位置，球员C成为接球球员，球员B跑向球员A，阻止球员A传球。

传球者成为下一个防守球员

球员A和球员B互相交换位置，球员B成为接球球员，球员A跑向球员C，阻止球员C传球。练习一定时间后，三名球员交换角色，重复练习。

第 5 章
投篮训练

投篮是为大众素知且喜爱的篮球技术，也是篮球运动中重要的部分。一次成功的投篮可以为球队带来分数，影响比赛的胜负。提高投篮命中率，是每位球员乃至整支球队追求的目标。良好的投篮技巧及坚定的信心，是成功投篮的因素。要想成为优秀的球员，需要有悟、努力以及正确的练习方法。

跳投标准姿势

跳投在实际中运用频率非常高。提高跳投命中率的关键点在于瞄准篮筐，将球"笔直"地投出。平时要加强练习，感知投篮时篮球与篮筐的距离，提升球感。

辅助手扶球侧，不发力

投篮手屈肘90度，不要过于向外张开

双脚起跳，保持身体平衡

屈髋屈膝放低重心，以三威胁姿势持球，目视篮筐。

提高身体重心，身体直立，双手举球至前额上方，不遮挡视线。

双脚起跳，伸展两臂，投篮手屈腕，手指发力，在身体最高点时将球投出。球入筐前，保持投篮姿势，落地。

正面视角

投篮手托球底部

小提示

投篮时，应先垂直跳，再投篮，将下肢蹬地的力传导至手部，可以使投篮更有力度，更加准确；出手点尽量高一些，手腕发力，使篮球从食指和中指处离手后旋。同时，注意保持一定的节奏，保持上下肢的协调。

三步上篮：高手上篮

三步上篮即通常所说的跑步上篮，常应用于进攻球员突破防守切入篮下的情景。在投篮前的最后几步加速，将跑动的冲力转为向上的力，进行投篮。

运球至限制区，准备执行上篮动作。快速朝篮筐方向迈出第一步。

迈出第二步，模拟躲避防守球员，将球控制在身前，目视篮筐。

掌心向篮筐

第三步即跳向篮筐，投篮手对侧脚发力，同时单手托球高举过头顶，在身体处于最高位时将球投出。

 小提示

投篮手五指张开，托球底部位置，掌心对篮筐，将球推出，使其后旋。

 point
技术要点

投篮手的对侧脚起跳

投篮时，用距离防守球员较远的手投篮，投篮手的对侧脚起跳。第一步步伐可大一些，加速的同时拉近与篮筐的距离；第二步小一些，有助于将冲力更好地转化为向上的力。

三步上篮：低手上篮

上篮，是一种命中率高的投篮方式。与高手上篮不同的是，低手上篮时掌心向上，运用手腕的力量，指尖将球向上递出。

运球至限制区，准备执行上篮动作。快速朝篮筐方向迈出第一步。

迈出第二步，模拟躲避防守球员，将球控制在身前，目视篮筐。

掌心向上

第三步即跳向篮筐，投篮手对侧脚发力，同时单手托球高举过头顶，在身体处于最高位时将球投出。

 小提示

投篮手五指张开，托球底部，掌心向上，手指拨动篮球，将球递出，使其后旋。

point 技术要点

牢牢控球

持球跑动时，要将球控制在身前，不要左右晃动，以免被抢断。

欧洲步上篮

　　"欧洲步"名字的由来，据说最早是欧洲球员常用此步伐。进攻球员通过步伐的改变、身体重心的切换，使防守球员无法判断正确的进攻方向，从而突破防守，带球过人投篮。

屈髋屈膝放低重心，以三威胁姿势持球，位于限制区附近，身前置一锥桶，模拟篮下的防守球员。

双手持球跑至锥桶前，靠近锥桶侧的脚向前迈一步，吸引防守球员靠近。

随后另一侧脚跨出一大步，越过锥桶，身体重心随之转移。

刚落地的脚蹬地发力，向上起跳，单手高举篮球，手臂伸直，在身体处于最高位时将球投出。

抛投

面对防守球员时，尤其是高个子球员，可使用抛投技术，减小被盖帽的概率。想要掌握抛投技术，就要提升单手控球的能力。

运球至限制区附近，准备执行投篮动作。快速朝篮筐方向迈出第一步。

迈出第二步，模拟躲避防守球员，将球控制在身前，目视篮筐。

单脚发力向上跳起，掌心向前，单手托球高举过头顶，手指发力拨球，在身体处于最高位时将球投出。

 小提示

篮球入筐前，要保持投篮动作，视线也不要离开篮筐。如果篮球没投中，立即上前抢篮板球。

point
技术要点

保持身体稳定

抛投时，因单脚起跳，注意保持身体平衡；同时将篮球控制在身体附近，从耳旁托球上举。

111

近距离投篮：跑投

跑投，和上篮一样，动作都包括跑步、起跳、投篮，注意保持身体平衡。手臂的动作同跳投一样，使用手腕和手指的力量旋转球，最后用手指推出篮球。

屈髋屈膝放低重心，站在限制区外，双脚前后错开，双手持球于身体一侧，开始向篮下运球。

靠近篮筐时，双手持球，迈出第一步。

跨一小步

继续迈出第二步，蹬地发力。

向上起跳，双手举球过头顶，瞄准篮筐，在身体处于最高位时将球投出。

移动勾手投篮

移动勾手投篮，是球员在跑动状态下，侧对篮筐，单手控球进行投篮的技术。投篮后落地，保持身体平衡并随时准备抢篮板球。

双手持球跑步向前，站在限制区一侧，侧对篮筐，迈出第一步。

加大步伐，迈出第二步，目视篮筐。迈步时，用头部和肩膀来保护球，而不是让球先移动。

迈出第二步后，与投篮手同侧腿抬起

第三步跳起，由投篮手对侧脚发力，单手持球过头顶，在身体处于最高位时，手腕朝篮筐内勾，将球投出。

 小提示

跑步前进时，前期不看篮筐，使防守球员无法揣测进攻球员真实意图；靠近篮筐时，再观察篮筐，锁定目标。

point
技术要点

控制球在身体附近

单手持球向上时，手臂尽量贴近身体，从耳侧垂直上伸。投篮时手腕屈曲，带动手指发力拨球，手臂紧贴耳侧。在篮球出手之前，辅助手一直放在球上保护篮球，不要过早离开。

113

起跳勾手投篮

起跳勾手投篮，是球员侧对篮筐时双脚起跳、单手控球的投篮方式。面对高个子球员时，采用该动作可有效利用肩宽的距离，减小被盖帽、抢断的概率。

屈髋屈膝放低重心，以三威胁姿势持球，位于篮下45度，侧对篮筐。

非投篮手护球

双脚蹬地发力，垂直向上跳起，同时单手持球过头顶，在身体处于最高位时，投篮手手腕朝篮筐内勾，发力将球投出。

保持跟随动作

观察篮球是否入筐，球入筐前保持跟随动作。

小提示

准备投篮时需注意，肩膀应与篮板垂直。以右图中的右手投篮为例，左肩指向篮筐正中心，双脚同时起跳至原位落地，身体始终侧对篮筐，用远离篮筐的手笔直地将篮球掷出。向上起跳和将球举过头顶是同时进行的，投篮手始终将球控制在身体附近，手臂紧贴耳侧。

擦板投篮

擦板投篮就是击中篮板的投篮。在与篮板约呈45度角的位置进行投篮，命中率更高。该动作是球员在内线时常用的投篮方式。

屈髋屈膝放低重心，以三威胁姿势持球，站在与篮板约呈 45 度角的位置。

双手持球上移，瞄准篮板上方块区域的上角位置。

双脚起跳，伸展两臂，投篮手屈腕，手指发力，在身体处于最高点时将球投出。球入筐前保持跟随动作。

小提示

捡起落地的篮球后，再到另一侧与篮板约呈45度角的位置继续投篮。

point
技术要点

瞄准投篮点

进行擦板投篮时，目标要锁定在篮板上方块区域的上角位置，屈腕带动手指发力拨动篮球，使篮球轻柔地砸到篮板，弹进篮筐。

180度转体投篮

熟练掌握180度转体投篮动作，有助于球员更好地在实战中完成跳停接跳投、空中接球转身接跳投动作。训练时，可逐步练习90度转体、180度转体、270度转体，保持身体平衡。

屈髋屈膝放低重心，以三威胁姿势持球，位于罚球线附近，背对篮筐。

双脚蹬地，发力跳起，同时在半空中前转180度。

完成180度转体后，双脚平行，屈膝落地，双手持球于身前，正对篮筐。

瞄准篮筐，双脚起跳，伸展两臂，投篮手屈腕，手指发力，在身体处于最高点时将球投出。

三分球投篮练习

进行三分球投篮时，球员要做到不看三分线进行投篮。故练习时，球员应尽量拉开身体与三分线的距离，将注意力集中在篮筐上，而不必过多担心踩线，熟悉与三分线的距离感。

双脚在三分线外

两名球员为一组。进攻球员屈髋屈膝放低重心，双脚前后错开，双手持球位于三分线外；对面防守球员站在三分线内，呈防守基本姿势，一手向前，试图抢断或阻止进攻球员前进。

保持跟随动作

垂直上跳，过程中保持身体平衡，注意动作的连贯性及节奏感

进攻球员找准机会，双脚起跳，伸展两臂，投篮手屈腕，手指发力，在身体处于最高点时将球投出，防守球员同时跳起高举双手，设法阻止投篮。

底角、侧翼投篮练习

底角、侧翼投篮练习模拟了比赛中常见的场景——移动中接球并投篮，这有助于提高球员的命中率，同时也有助于提高球员在不同位置的投篮能力。

两名球员为一组，面对面站立，球员A持球位于篮下，球员B位于底角附近位置，呈接球基本姿势。

球员A进行传球，球员B双手接球，瞄准篮筐，双脚起跳，伸展两臂，投篮手屈腕，手指发力，在身体处于最高点时将球投出。

球员B投篮结束后，立即跑到翼侧，面向篮筐。球员A拾球后，传球给球员B。

球员B双手接球，瞄准篮筐，双脚起跳，伸展两臂，投篮手屈腕，手指发力，在身体处于最高点时将球投出。

两人跳跃投篮

两人跳跃投篮是指球员在有节奏的跳跃中接球并进行投篮的练习，目的是使球员在不断地练习跳起中，保持身体平衡。注意投篮姿势与连续起跳的姿势的标准性。

两名球员为一组，面对面站立。球员B屈髋屈膝放低重心，以三威胁姿势持球，位于位置区。球员A位于篮下45度，呈接球基本姿势。

如跳绳般跳跃

球员A如跳绳般有节奏地小幅度跳跃。

球员A跳跃三四次后，球员B找准时机进行传球。球员A边跳跃边接球。

球员A接球后，保持原有的跳跃节奏，起跳投篮。

强手一侧接球后投篮

处于有投篮机会的优势位置时，球员要及时举手示意持球球员进行传球，接球后快速进行投篮，确保整套动作流畅、快速、准确。

掌心朝向篮球

两名球员为一组，面对面站立在罚球线两端，持球球员屈髋屈膝放低重心，双手持球，接球球员双脚前后错开，屈膝站立。以右手是强手为例，右手前伸示意对方传球。

持球球员进行胸前传球，接球球员保持强手前伸，准备接球。

当球临近时，接球球员双手接球，之后，双手迅速调整成篮手姿，准备投篮。

弱手一侧接球后投篮

　　强手接球后，球员无须做过多调整，便可直接起跳投篮；如果是弱手接球，接球时的姿势不常用，可以后撤一步，稍做调整，用投篮手托球底部，非投篮手扶球，再进行投篮。

掌心朝向篮球

两名球员为一组，面对面站立在罚球线两端，持球球员屈髋屈膝放低重心，以三威胁姿势持球，接球球员双脚前后错开，屈膝站立。以左手是弱手为例，左手前伸示意对方传球。

持球球员进行胸前传球，接球球员保持弱手前伸，准备接球。

当球临近时，接球球员双手接球，之后，双手迅速调整成投篮手姿，准备投篮。

强行过人投篮：内线

　　强行过人动作与防守球员有身体接触。通过身体对抗制造投篮的空间，臀部朝向防守球员，跳起投篮。低重心运球，不但可以保持身体平衡，还可以为后面的双脚起跳蓄力。

进攻球员准备向篮下进攻，防守球员进行贴身防守，抬起一侧手臂，阻止投篮。

进攻球员降低重心，侧身向篮下运球，防守球员持续防守。

进攻球员运球到篮下时，快速起身，双手持球，瞄准篮筐。

瞄准篮筐，双脚起跳，伸展两臂，投篮手屈腕，手指发力，在身体处于最高点时将球投出。

通过假动作和对抗投篮：内线

篮下是防守球员比较集中的区域，且防守球员都会进行全力防守。因此，球员可以使用假动作，使防守球员判断失误，为自己获取突破的空间，再突然对抗带球过人至篮下，进行投篮。

进攻球员位于限制区外，双脚踮起，伸展身体，双手举球过头顶，假意投篮，防守球员跳起阻拦。

进攻球员快速屈膝，放低重心，侧对篮筐，加速向篮下运球进攻，防守球员上前防守时给予防守球员身体对抗，以获得出手空间。

进攻球员运球到篮下时，快速起身，双手持球，瞄准篮筐。

瞄准篮筐，双脚起跳，伸展两臂，投篮手屈腕，手指发力，在身体处于最高点时将球投出。

123

勾手投篮：内线

勾手投篮练习由两名球员搭档进行，进攻球员在内线面对防守球员贴身防守时进行勾手投篮。投篮时，非投篮手在球侧护球，投篮手同侧大腿尽量抬至与地面平行，有利于身体在空中保持平衡。

进攻球员背对篮筐，运球向篮下进攻，防守球员进行贴身防守。

进攻球员双手持球，前转90度，侧对篮筐，防守球员持续防守。

起跳脚

进攻球员放低重心，保持身体稳定，持球于身前，跨步靠近篮筐。

远离防守球员的手投篮

瞄准篮筐，由投篮手对侧脚发力，单手持球过头顶，在身体处于最高位时，手腕朝篮筐内勾，将球投出。

跳步上篮

跳步上篮是进攻球员面对贴身防守时，在运球后，持球跳起，在空中变向，落地时面向篮筐，再进行上篮的技术。此动作常用于篮下突破防守，可以起到很好的护球效果。

进攻球员前后脚错开，准备进入内线，防守球员在其身前进行防守。

进攻球员进入限制区，立即转身朝向篮球方向，示意队友进行传球，双手接球。

进攻球员以左脚为轴，向左后方运球转身，假意从内侧进攻，防守球员上前防守。

进攻球员双脚起跳，双手举球在空中变向，越至防守球员右侧。此时防守球员重心在左侧。

进攻球员屈膝落地，将球控制在胸前，瞄准篮筐。

进攻球员抓住时机，双脚起跳，伸展两臂，投篮手屈腕，手指发力，在身体处于最高点时将球投出。

投篮假动作后投篮

"投篮假动作后投篮"练习由两名球员搭档进行，面对防守时，进攻球员先假意进行投篮，再放低重心，引导防守球员放低重心进行防守，趁其不备，再突然起身进行投篮。注意身体动作的连贯性。

进攻球员屈髋屈膝放低重心，以三威胁姿势持球位于罚球区内；防守球员呈防守基本姿势，位于罚球线上。

进攻球员伸展身体，双脚踮起，双手举球过头顶，假意投篮，防守球员立刻起身，伸手阻拦。

进攻球员快速放低重心，屈膝半蹲，防守球员随即屈膝，放低重心进行防守。

进攻球员抓住时机，双脚起跳，伸展两臂，投篮手屈腕，手指发力，将球从防守球员上方投出。

试探步后投篮

试探步是持球球员单脚迈出一步，然后立即撤回脚步的步法。球员接球后，立即以三威胁姿势持球，然后采用试探步。

进攻球员屈髋屈膝放低重心，以三威胁姿势持球；防守球员在其身前呈防守基本姿势。

迈步立即撤回

进攻球员内侧脚外展一步，身体重心侧倾，防守球员侧移进行防守，投篮球员立即撤回内侧脚。

进攻球员抓住时机，双脚起跳，伸展两臂，投篮手屈腕，手指发力，在身体处于最高点时将球投出。

point 技术要点

瞄准投篮点

迈出一步，是为了试探防守球员的动向，为自己制造突破的机会。在比赛中，进攻球员面临防守时，即可用此种方式试探防守球员，并引导防守球员将注意力至一侧，然后再突然收回脚步，快速投篮，打乱其防守节奏。

试探步后顺步突破

"试探步后顺步突破"练习由两名球员搭档进行，面对防守时，进攻球员先假意进行投篮，再放低重心，引导防守球员放低重心进行防守，趁其不备，再快速运球至篮下。注意身体动作的灵活性。

进攻球员屈髋屈膝放低重心，以三威胁姿势持球；防守球员在其身前呈防守基本姿势。

进攻球员内侧脚外展一步，身体重心侧倾，防守球员侧移进行防守。

进攻球员立即撤回内侧脚，防守球员随即跟随迈步，进行防守。

此时，进攻球员抓住时机，再次向内侧大迈一步，快速运球至篮下，突破防守。

一次运球后投篮：
后撤步跳投（高水平）

后撤步跳投是指进攻球员先向前迈步，假装要运球前进，防守球员后退防守，进攻球员再收回脚步，瞬间拉开距离后立即进行投篮。

进攻球员屈髋屈膝放低重心，以三威胁姿势持球位于罚球区内；防守球员呈防守基本姿势，位于罚球线上。

进攻球员开始运球，并强势向前迈一步，防守球员被逼退一步。

进攻球员立即撤回迈步脚，瞄准篮筐。

进攻球员抓住时机，双脚起跳，伸展两臂，投篮手屈腕，手指发力，将球从防守球员上方投出。

129

后转身运球到肘区执行跳投

当无法正对篮筐的时候，进攻球员可使用后转身技术，绕到防守球员身后，进行突破。本练习模拟了进攻球员在试探步、突破步交叉突破失败后，使用了后转身技术，突破成功的场景。

进攻球员以三威胁姿势持球，迈出右脚进行一次试探步。防守球员在其身前进行防守。

进攻球员立即撤回右脚的同时快速迈向左前方，将防守球员挡在背后。左手运球。

进攻球员以右脚为轴，向左后方运球转身。防守球员上前防守。

转身的同时，切换为右手运球，面对篮筐。

进攻球员抓住时机，双脚起跳，伸展两臂，投篮手屈腕，手指发力，在身体处于最高点时将球投出。

point
技术要点

注意动作的衔接性

注意转身动作与突破动作的无缝衔接，确定中轴脚快速转身后，立即切换运球手，始终用远离防守球员的手进行控球。转身的幅度不要太大，便于将球控制在身体附近。

篮筐下的背身单打

篮球运动中，在限制区附近背对篮筐或防守球员接球时，进攻球员所有投篮和传球的动作组合都叫作"背打"。其是"在前线寻找进攻机会，并开始进攻"的打法的总称。

进攻球员向篮球方向跑去，防守球员在其身旁紧随防守。

臀位卡住对手大腿位

进攻球员跑至限制区一侧，屈膝降低重心，将防守球员挡在身后，外侧手前伸示意队友传球，内侧手阻止防守球员前进。

转身拉开距离，面对篮筐

双脚跳起接球，以远离防守球员的脚为轴，双手持球转身，面对篮筐，屈膝保持身体稳定。

抓住时机，迅速起身，双脚起跳，伸展两臂，投篮手屈腕，手指发力，在身体处于最高点时将球投出。

快速实战投篮练习：三人轮转

　　快速实战投篮练习由三名球员搭档进行，两名球员持球进行传接球，接球球员接球进行投篮。三人角色轮转，重复练习。熟练后，加快轮转速度，做到准确地传接球及投篮。

　　三名球员为一组，球员C持球位于篮下45度位置，球员B持球位于翼侧，球员A位于底线附近的三分线内侧,在球员A、球员B身旁放置两个锥桶。

　　训练开始，球员B传球给球员A后，立即转身朝向球员C，准备接球员C传来的球。

　　球员B接球后转身面向球员A，球员A原地进行跳投，球员C跑至篮下准备接球。

　　球员A投球后，三人以逆时针顺序交换位置，球员A位于篮下，球员B位于底线附近锥桶旁，球员C位于翼侧锥桶旁。以新角色开始新一轮的投篮练习。

投篮后跑向罚球线练习

投篮后跑向罚球线练习可以提高球员在跑步时停止的能力及篮下投篮的准确性。球员在规定时间内往返跑，尽量保持每个动作的标准性，即使在疲惫状态下，也要保持命中率。

屈髋屈膝放低重心，以三威胁姿势持球，位于篮下半圈线上，进行跳投。

立即转身，快速跑向罚球线。

踩到罚球线后，转身，快速跑回篮下，捡起落地的篮球。

快速调整投篮姿势

再次跑至半圈线上，进行跳投，重复上述动作至规定次数或时间。

133

六位投篮

六位投篮练习由两名球员搭档进行，投篮球员在不同位置接到篮下球员的传球，转而进行投篮。该练习有助于提升球员在不同方向的投篮命中率。

在三分线内放置6个锥桶，标记投篮位置。球员B在篮下呈防守基本姿势，球员A从1号锥桶位置开始进行跳投，之后立即跑向2号锥桶位置，球员B观察篮筐，接住下落的篮球，再传给球员A。以此类推，直至完成在6号锥桶位置的投篮。

移动路线

point
技术要点

提高不同方向的投篮命中率

实战中，球员有可能会在不同方向进行投篮。站在距离篮筐 3~4 米的位置投篮，可以提高中等距离投篮命中率。可以在 2 号、5 号锥桶位置进行擦板投篮。

3 次运球投篮

实战中，进攻球员在前方没有防守时，可直接进行运球投篮。本练习旨在训练球员用全速运球的技术进行投篮，将防守球员甩在身后，使其来不及防守。

移动路线

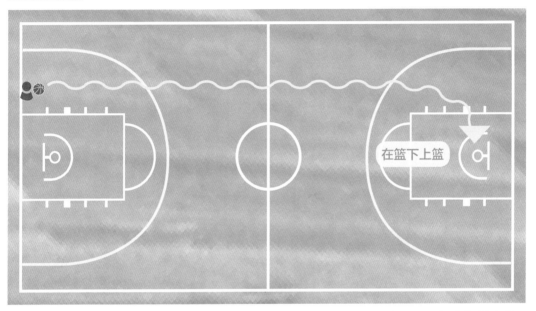

球员屈髋屈膝放低重心，以三威胁姿势持球，位于底线位置，开始全速运球穿过全场，至对面篮筐进行投篮。整个过程中仅只运球3 次。

只能运球 3 次

 小提示

只经过3次运球，跑完全场并成功上篮，其实难度较高。训练初期，球员可以先了解需要运球多少次能到达篮下进行上篮，然后再逐渐加快跑步速度，逐步减少运球次数，直至能完成3次运球投篮。该练习提高了球员的速度、运球技巧，以及增强了控制身体的能力。

135

60 秒投篮

60秒投篮练习是指限定时间，使球员在规定时间内练习投篮。该练习可以提高球员的速度及命中率，且左右手都能得到训练。

屈髋屈膝放低重心，以三威胁姿势持球，位于底线的限制区一端。计时60秒后，沿限制区直线运球。

右手运球到达罚球线。

沿罚球区的弧线进行运球。

运球至另一侧肘区，双脚起跳，伸展两臂，投篮手屈腕，手指发力，在身体处于最高点时将球投出。

捡起篮球，从底线处限制区的另一端开始，换左手运球，按同样的方法进行练习。重复练习60秒。

 小提示

可以将在60秒内投中13个球作为练习目标，激励球员有意识地加快运球速度，并提升投篮命中率。需注意的是，加快速度的同时，要确保控球的稳定性，避免因过于追求速度而出现过多的运球、投篮的失误。该练习提高了球员的速度、运球技巧，以及增强了控制身体的能力。

马戏团投篮

马戏团投篮，是指球员持球于篮下，依次将球抛向两侧底部、翼侧及顶部，拾球并进行投篮的练习。该练习有助于提升球员在不同方向的投篮命中率。

双脚分开，与肩等宽，自然站立，双手持球于身前，位于篮下。

使球下旋抛出

两臂前伸，屈曲手腕内勾，带动手指发力使球下旋拨出，同时向球方向跑去，球击地回弹。

拾球转身

在限制区外接球后，双手持球，以三威胁姿势持球，转身面对篮筐。

执行跳投

双脚起跳，伸展两臂，投篮手屈腕，手指发力，在身体处于最高点时将球投出。

球抛向翼侧附近

跑向篮下，双手拾球，以三威胁姿势持球，转身面对翼侧。

两臂前伸，屈曲手腕内勾，带动手指发力使球下旋拨出，在翼侧拾球，进行跳投。依次将球抛向两侧底部、翼侧及顶部，拾球并投篮。

移动路线

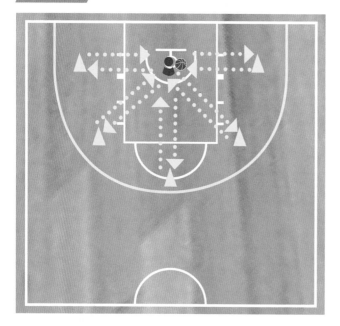

小提示

将球以下旋的方式拨出，球击地时，以回弹的方式返回，这样球不会向对侧行进，球员可以在训练时不用长距离去追球，节省体力，同时也提升了球员手腕的灵活性及不同的发力技巧。接球、转身、投篮时，球员要注意每一个动作的标准性，不要塌腰、驼背，养成随时保持标准姿势的习惯，这样在实战中，才能更好地护球、控球，确保投篮的成功率。

第 6 章

篮板球

通常情况下，球权主要是通过抢下篮板球获得的，一支球队控制了篮板也就意味着控制了比赛，所以，篮板球是影响比赛胜负的重要因素。对于进攻方来说，抢下篮板球，相当于获得了二次投篮得分的机会；而对于防守方来说，抢下篮板球，就减少了对手的得分机会，同时也为自己的球队创造更多的快攻机会。与其他的篮球技术相比，抢篮板球既需要球员具有抢篮板球的意识和勇气，也需要球员会判断球的落点。

抢篮板球

无论是进攻方还是防守方，篮球是否成功投中，球员都要有抢篮板球的意识，并通过观察篮球的运动路线，预测篮球砸向篮板后的反弹角度，快速跳向球的方向，进行抢球。

两名球员位于篮筐附近，球员A背对篮筐，看向篮球方向。球员A前后脚错开，侧身面对球员B，右手屈肘抬起，挡在球员B胸前，阻止其靠近篮筐。

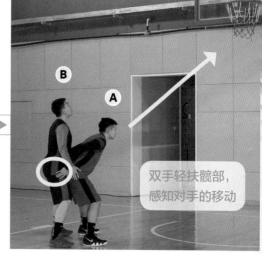

双手轻扶髋部，感知对手的移动

篮球投向篮筐，球员A立即后转身，面对篮筐，屈髋屈膝放低重心，用自己的臀部位置卡住球员B大腿位置，阻止对方前进，同时观察篮球运动路线。

球员A双脚起跳，伸展两臂，双手抢篮板球，平稳落地。

小提示

提前卡位非常重要，抢先对手占据更靠近篮筐的位置，全力阻拦对手向篮筐靠近，将对手挡在身后。

细节展示

第 7 章
基础配合战术

篮球是一项团队运动，球队的成功离不开球员间的相互配合。进攻时的无球移动、进攻或防守时两人和三人的配合，都是团队合作成功的基础。在基础配合战术训练中，球员能体会到队友支持的重要性，也有助于在平时训练中与队友培养良好的默契，为实战中的技术配合打下坚实的基础。

掩护基本姿势

7.1 进攻基础配合

掩护是篮球运动中一项基本的配合战术，是指球员利用身体挡住防守球员前进，使防守球员无法准确判断进攻球员的动作，为队友争取进攻的空间和时间。

正面视角

上半身挺直微前倾，放低重心，保持身体稳定

头部居中，目视前方

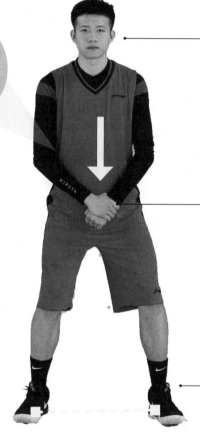

一手握拳，另一侧手握住握拳手的腕部，置于腰前

侧面视角

屈膝，双脚分开，略比肩宽，脚尖45度外展

point
技术要点

保持身体平衡

设置掩护时，可能会与防守球员发生冲撞。因此，屈膝打开双脚，降低重心，保持身体稳定非常重要。

小提示

进行掩护时，不能将身体部位靠近防守球员，双手放身前保护自己；同时，与队友的距离不能太远，避免防守球员从中间穿过，继续防守队友。

V形空切

当防守球员挡在传球路线上，进攻球员可以先将防守球员挤压到限制区附近，突然外弹，跑至外侧区域进行接球。因该战术中进攻球员的跑动路线呈V形，故得名V形空切。

进攻球员前后脚错开，位于三分线内一步，向篮筐移动，防守球员在其身前防守。

进攻球员将防守球员吸引到限制区附近，左侧脚外展迈一大步，突然进行变向，跑向翼侧，同时伸手示意队友传球。

进攻球员移动路线呈 V 形

持球球员立即传球，进攻球员甩开防守，双手接球，立即展开下一步进攻。

小提示

一般来说，球员的理想接球位置在翼侧，而V形空切是简单的空切方式，也是获得空位的较快方式。因此，V形空切技术是球员想要在翼侧成功接球的首选战术。

point 技术要点

动作要快速、突然

实施该技术时，确保向内线移动时具有欺骗性、变向时具有突然性，而且要估算好时间，保证切出时刚好能准确接球。

143

L形空切

当防守球员挡在传球路线上，进攻球员无法使用V形空切技术时，可以将防守球员吸引到肘区，然后进攻球员突然变向，跑至翼侧进行接球。此时，进攻球员的跑动路线呈L形。

进攻球员位于限制区一侧的中间位置，防守球员在其身前进行防守。

进攻球员向肘区移动，将防守球员带向高位区域。

进攻球员突然向外侧迈一大步，进行变向，跑向翼侧，同时伸手示意队友传球，双手接球。

移动路线

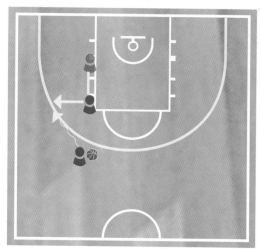

后切

后切即通常所说的"背后切入"或"后门切入"。当进攻球员被防守球员阻止在翼侧接球时，进攻球员可使用该战术，摆脱防守球员并顺势切入篮下进行接球。

进攻球员位于限制区外一步，外侧脚大迈一步，假意要向外侧移动，防守球员在其身前进行防守。

转移身体重心，内侧脚朝篮筐方向迈一大步，伸手示意队友传球。

持球球员立即传球，进攻球员双手接球，大步加速跑向篮下，甩开防守。

 小提示

先从翼侧开始练习后切，待熟练掌握后，可在被防守球员阻断传球路线时使用后切战术。和队友的默契配合及快速变向影响后切的成功率。

point
技术要点

确保有足够的空间获得空位

尽量将防守球员吸引到高位。在翼侧时，使防守球员距离肘区斜上方至少一步远；在弧顶时，使防守球员距离罚球区至少一步远。

前切

进攻球员被防守球员阻止在翼侧接球时，无法使用后切突破接球，可使用前切战术，越过防守球员，在其身前接球切入篮下进行投篮。

进攻球员位于三分线内一步，内侧脚大迈一步，假意向篮下突破，防守球员防守重点移至内侧。

中轴脚

进攻球员以外侧脚为轴，内侧脚收回的同时从防守球员外侧跨出，将防守球员挡在身后，伸手示意队友传球。

持球球员立即传球，进攻球员双手接球，大步加速跑向篮下，甩开防守。

point 技术要点

变向要快速

球员先向篮筐方向迈步时，假动作要有欺骗性，使防守球员误以为要进行后切，将注意力放在内侧。然后进攻球员再突然变向，使防守球员措手不及，此时跨步要大，重心放低，注意保持身体平衡。

摆脱：游泳动作

游泳动作是指，当防守球员挡在进攻球员身前，阻止传接球时，进攻球员从防守球员身后突破的动作。因进攻球员手部向后划的动作类似游泳展臂，故此得名。

两名球员位于篮下附近。进攻球员双脚分开，略比肩宽，外侧手吸引持球球员的注意；防守球员卡在其身前，阻拦传球。

进攻球员以交叉步形式，外侧脚迈向防守球员身后，侧对防守球员，示意手依旧朝向持球球员，内侧手朝后摆动，准备将对手拦在身后。

从防守球员背后越过后，进攻球员立即双手前伸。持球球员传球，进攻球员双手接球进行投篮。

point
技术要点

瞄准投篮点

进攻球员从防守球员身后侧迈步时，注意以交叉步的形式，放低重心，保持身体稳定，手可轻扶防守球员后背，但不能将重心靠在其身上；内侧手朝后摆动时不能用力，避免与防守球员发生身体碰撞，产生违规现象。

147

突破防守运球

突破防守运球，是指通过快速、灵活地运球，摆脱防守的一种技术。突破后，可以传球，也可以顺势运球至篮下进行投篮。

进攻球员前后脚错开，屈髋屈膝放低重心，位于三分线上，双手持球试探身前的防守球员。

进攻球员开始运球前进，左手运球，右手前伸，挡在防守球员身前，进行护球。准备突破前，迈出一大步，身体前倾。

进攻球员忽然加大步伐，重心放更低，快速运球前进，右手阻拦防守球员靠近。

保持速度，甩掉防守，运球跑向篮下。

基础配合：2人无球掩护

传球和掩护是篮球运动中基本的配合战术之一。两名无球的球员互相给对方进行无球掩护，可很大程度扰乱防守，制造空位。

两名球员为一组，面对面站立。球员A前后脚错开，位于罚球区顶部；球员B位于限制区一侧外。

球员A跑至球员B身前，呈掩护基本姿势，向后转身，让出空间，方便球员B跑向篮球方向。

球员B立即从空位跑出，跑向篮球方向，示意传球。同时球员A侧身伸展内侧手臂，跑向篮下，示意传球。

基础配合：2人运球掩护

2人运球掩护是球场上常见的配合战术之一。持球球员可以利用掩护进行外线投篮、突破或者将球传给掩护球员或其他队友。

两名球员为一组，面对面站立。球员A前后脚错开，位于罚球区顶部；球员B持球位于限制区一侧外。

球员A跑至球员B身前，呈掩护基本姿势，向后转身，让出空间。球员B利用掩护，向罚球区运球。

球员B应该与球员A擦肩而过，阻止防守球员穿过球员A紧随球员B进行防守。球员A侧身伸展内侧手臂，跑向篮下，示意传球。

基础配合：2人运球掩护 （有防守）

传球和掩护是篮球运动中基本的配合战术之一。设立掩护时，持球球员应至少通过两次运球穿过掩护以创造一定的空间，从而向切到篮下的掩护球员进行传球。

球员A持球位于三分线弧顶，球员B在其身前防守，球员C位于限制区一侧。

球员C向前跑并举起右手，示意传球方向，并跑至球员B身侧设立掩护，阻拦球员B跟进球员A。

球员A快速向左侧运球，球员B绕过球员C，跟进球员A进行防守。

此时球员C跑向篮下空位，示意队友传球。球员A击地传球给球员C。

球员B转身防守球员C，球员C双手接球后，向篮下运球。

球员C进行上篮。

基础配合：2人传切

传切配合是篮球运动中最基础的配合战术之一。持球球员无法带球进入篮下时，可使用此战术，将
球传给队友，转移防守球员注意力，然后切入篮下空位，接回传球并上篮。

两名球员为一组，面对面站立。球员A前后脚错
开，双手持球位于罚球区顶部；球员B位于限制区
一侧外。

球员A将球传给球员B后，立即朝内线跑去，并前伸
一侧手臂，示意球员B传球。

待球员A跑到篮下附近，球员B抓住时机，传球给球
员A。球员A双手接球。

球员A运球至篮下，进行上篮。两人互换角色，各
进行6次上篮。

2v2传切练习：前切

　　赛场上，进攻球员要学会预判防守球员的计划，在切入之前借助精准的假动作骗过对方，朝远离球的方向迈步，吸引防守球员跟随移动，然后突然变向并使用前切的方法快速切入篮下。

球员A位于三分线外，球员B位于翼侧防守；球员C持球位于罚球区顶部，球员D在其身前防守；球员B同时关注球员C动态。

球员C传球给球员A，球员B立即上前防守球员A。

球员A双手接球，此时球员C向右侧大迈一步，假意朝右侧进入篮下，球员D立即朝左防守。

球员C收回右脚并立即进行前切，越过球员D，跑进限制区，并示意队友传球。

球员A进行头顶传球，球员C双手接球，球员D紧随防守。

球员C运球至篮下，进行上篮。

153

2v2摆脱防守后切入练习

2v2摆脱防守后切入练习的战术主要是持球球员通过运球，吸引防守球员远离内线，然后将球传给切入内线空位的队友，制造投篮机会。

球员A位于翼侧，球员B在其身前防守；球员C持球位于罚球区顶部，球员D在其前方进行防守。

球员C朝左侧运球，两名防守球员联合上前进行防守。球员A立即切入内线，并前伸一侧手臂，示意球员C传球。

球员C抓住时机，击地传球给处于空位的球员A。球员A于内线双手接球。

球员A快速运球至篮下，进行上篮。

2v2突破传球

2v2突破传球练习的战术主要是持球球员通过运球，吸引防守球员注意力，然后将球传给处于空位的队友，制造投篮机会。

球员A双手持球，位于翼侧，球员B在其身前防守；球员D位于右侧肘区，球员C在其身前进行防守。

球员A朝内线运球前进，球员B紧跟防守，球员C立即上前进行协防，此时球员D后退几步至翼侧，拉开距离。

球员D无人防守，示意队友传球，球员A进行头顶传球。

球员C见状，立即返回进行防守，球员D双手接球，立即进行跳投。

2v2传切练习：后切

赛场上，进攻球员要学会预判防守球员的计划，在切入之前借助精准的假动作骗过对方，朝远离球的方向迈步，吸引防守球员跟随移动，然后突然变向并使用后切的方法快速切入篮下。

球员A位于翼侧，球员B在同侧肘区进行防守，同时关注球员C动态。球员C持球位于罚球区，球员D在其身前防守。

球员A示意队友传球，球员C传球给球员A。

球员A双手接球，此时球员C右脚向前大迈一步，假意前切至篮下，球员D立即朝右防守。

球员C收回右脚并立即进行后切，从球员D身后跑进限制区，并示意队友传球。

球员A进行头顶传球，球员C伸手接球，球员D紧随防守。

球员C运球至篮下，进行上篮。

2v2挡拆：从底线到高位

挡拆，是篮球运动中的一种基础配合战术，是指进攻球员利用队友设立的掩护，分散防守球员的注意力，运球执行外线投篮或者突破。

球员A持球位于三分线左侧，球员B进行防守；球员C位于限制区右侧边线，球员D在其身前防守。

球员C朝队友跑去，示意将进行掩护，球员D紧随防守。

球员A左脚外展，假意向左突破，吸引球员B右移；球员C跑至球员B左侧进行掩护，阻挡球员B的左移路线。

球员A突然变向，向右快速运球至罚球区，球员B和球员D立即跟防。

无人防守的球员C切入内线，伸手示意队友传球，球员A进行头顶传球。

球员C双手接球，转身进行上篮。

2v2挡拆下掩护绕切：从高位到底线

位于高位的进攻球员，可以为底线附近的队友设立掩护，使队友顺利接球，再绕过防守球员运球至篮下进行投篮。

球员A位于三分线左侧外，球员B在三分线内一步进行防守；球员C位于限制区左侧，球员D侧身进行防守。四名球员看向篮球方向，准备移动。

球员A立即跑向球员C，设立掩护，阻挡球员D的前进路线；球员B紧跟防守；球员C利用掩护突破防守，迈步向前，并示意传球。

球员C绕过球员D，切入限制区，跑动的同时双手接球。

球员C立即转身，运球至篮下，进行投篮。

2v2挡拆下掩护直线空切：
从高位到底线

在挡拆战术中，球员可以利用掩护，绕过防守，切入篮下寻找进攻机会。如果球员具有良好的投篮技术，也可以利用掩护向外切出（而不是内线）进行外线投篮。

球员A位于三分线左侧外，球员B在三分线内一步进行防守；球员C位于限制区左侧，球员D侧身进行防守。四名球员看向篮球方向，准备移动。

球员A立即跑向球员C，设立掩护，阻挡球员D的前进路线；球员B紧跟防守；球员C利用掩护突破防守，迈步向前，并示意传球。

球员C摆脱球员D后快速接球。

球员C立即转身，进行投篮。

2v2摆脱后低位要球：转身摆脱

转身摆脱训练是指接球球员进行180度后转，绕至防守球员身后，摆脱防守，跑向篮下接球，持球球员同时进行传球假动作，将球传出的练习。该动作需要球员间的默契配合，要读懂队友的动作的意思。

球员A位于限制区左侧，球员B在其身前侧身防守，同时关注篮球的方向；球员D持球位于翼侧，球员C在其身前进行防守。

球员D双手举球过头顶，假意要从左侧进行传球，球员C立即向右进行防守，抬起右臂阻止传球。此时球员A以左脚为轴，进行后转身，背对防守球员B，转至篮下一侧。

球员A转身摆脱防守后，穿过篮下，伸手示意队友传球，球员D立即从右侧进行头顶传球。

球员A准确接球，随即转身进行投篮。

侧面运球

侧面运球时，面对防守，球员以滑步的脚法进行运球，身体侧对篮筐进行突破。侧对篮筐的姿势便于球员进行回传。

球员A位于翼侧，球员B在其身前防守，并同时关注球员C的动态；球员C持球位于罚球区顶部外侧，球员D在其身前防守。

球员C朝左前方运球，进入限制区，球员B、球员D立即联合防守，堵在其前方。球员C侧身运球，内侧脚朝前跨一大步，假意运球突破到篮下。

球员C忽然转移重心至外侧，传球给位于左翼侧的队友，球员A双手接球。

球员B转身回防，球员A立即进行跳投。

漂移

　　漂移是一种突破配合的战术，即进攻球员移动至底角或近底角区接传球。当无法切入内线时，球员可采用漂移战术，尤其是擅长三分球投篮的球员。该训练能提高侧对篮筐投篮的命中率。

球员A位于翼侧，球员B在同侧肘区防守，并同时关注球员C的动态；球员C持球位于罚球区顶部，球员D在其身前防守。

球员C朝左前方运球，进入限制区，球员B、球员D立即联合防守，堵在其前方。球员C侧身运球，内侧脚朝前跨一大步，假意运球突破到篮下。

球员A无法切入篮下，移动至底角。球员C抓住时机，立即起身传球给球员A。球员A双手接球。

球员B转身跑向球员A进行阻拦，球员A进行跳投。

挡拆后制造空位投篮机会：上线

球员要耐心等待队友设立好掩护后，再进行下一个动作。借用掩护运球突破防守时，持球球员与掩护球员擦肩而过，使防守球员无法从两者之间插入进行跟防。

球员A位于翼侧，球员B在身前进行防守；球员C持球位于罚球区右外侧，球员D在其身前防守。

球员A跑向球员C，设立掩护，挡在球员D的防守路线上。球员B紧随防守。

球员C利用掩护，立即向左侧运球，此时球员B换防，防守球员C。

球员C继续向左侧运球，吸引球员D上前防守。

球员D跑向球员C，进行协防，处于空位的球员A在肘区转身面向队友，示意并接过传球。

球员A双手接球，进行跳投。

挡拆后制造空位投篮机会：下线

在挡拆战术中，球员可以利用掩护，绕过防守，切入篮下寻找进攻机会。如果球员具有良好的投篮技术，也可以利用掩护向外切出（而不是内线）进行外线投篮。

球员A位于三分线左侧外，球员B在三分线内一步进行防守；球员C位于限制区左侧，球员D侧身进行防守。四名球员看向篮球方向，准备移动。

球员A跑向球员C，设立掩护，挡在球员D的防守路线上。球员B紧随防守，球员C向外移动，拉开与球员B、球员D的距离，示意外线传球。

球员C在外线双手接球，球员D立即上前防守。

球员C瞄准篮筐，立即跳投。

在上线挡拆后内切

实施挡拆战术时，离持球球员最远的球员适合作为掩护的人选。成功的掩护，需要队友间的默契配合。被掩护球员突破时，要根据当时防守球员的动作来进行下一步进攻。

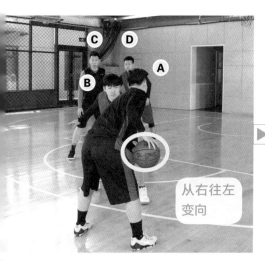

球员A持球位于弧顶略靠右，球员B在其身前防守；球员C位于罚球区，球员D在其身侧进行防守，并关注球员A动态。

球员A沿三分线朝左侧运球，球员B继续防守；球员C上前进行掩护，挡在球员B的左侧防守路线上；球员D紧随防守。

球员A抓住时机，立即向右运球。球员C等队友运球突破防守后，立即转身跑向内线，示意队友传球。

球员A进行击地传球，球员C于内线接球后，立即进行上篮。

手递手假传上篮

在手递手假传上篮战术中，进攻方球员假装进行手递手传球，使防守球员的注意力集中在假装接球的球员身上，持球球员借机从两名防守球员中挤过，运球突破到篮下，进行上篮。

球员A位于限制区左侧，球员B在其身前防守；球员D持球位于三分线右侧，球员C侧身在其身前进行防守。

球员A跑向罚球线，接过场外传球。球员D立即上前，双手迎球，假意要接过球员A手上的篮球，球员B、球员D紧随防守。

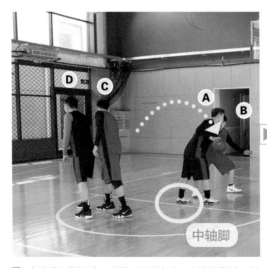

当球员D靠近时，球员A双手持球，从头顶绕过，前转90度，持球面向篮筐。球员D吸引球员C继续前进，与球员A擦肩而过。

球员A运球至篮下，进行上篮。

手递手传球挡拆切入

在挡拆战术中,利用掩护的是持球球员,而当持球球员成为掩护球员,并直接用双手将球交接给队友时,这种战术名为"手递手传球"。

球员A位于限制区左侧,球员B在其身前防守;球员D位于右侧45度三分线内一步,球员C在其身前进行防守。

球员A跑向罚球线,接过场外传球,球员C转身进行防守。

球员D立即跑向罚球区顶部,球员A抓住时机,将球递给球员D。

此时,球员A作为掩护球员,挡住了球员C的防守路线,球员D得以成功接球。

球员D向左侧运球,吸引球员C靠近。球员A转身进入内线,示意队友传球。

球员D进行传球,球员A接球,进行上篮。

内切后接球投篮

内切后接球投篮训练是由持球球员运球，吸引防守球员到外线，使队友顺利进入内线，然后再传球给处于防守较松情况下的内线队友，制造投篮机会。

球员A持球位于三分线外，球员B在其身侧防守；球员C位于同侧限制区外，球员D在其身侧进行防守，并关注球员A动态。

球员A向底线运球，球员B紧随防守，球员D高举双手立即上前协防，阻止球员A进入内线或投篮。此时球员C进入内线，与球员B、球员D拉开距离。

处于空位的球员C示意队友传球，球员A进行传球。

球员C接球，至篮下进行上篮。

突破分球后投篮

突破分球是指，进攻球员突破防守球员的防守，吸引防守队友的球员协防，从而为空位队友制造传接球、投篮的机会。以投中5球为目标，交换角色，多次练习。

球员A持球位于翼侧，球员B在其身前防守；球员C位于罚球区底部，球员D位于球员C与篮架中间防守球员C，并关注球员A动态。

球员A运球至内线，球员B紧随防守，球员D上前进行协防，阻止球员A靠近篮筐或投篮。此时球员C离开限制区，与球员B、球员D拉开距离。

处于空位的球员C示意队友传球，球员A在内线将球传给球员C。

球员C接球，立即双脚起跳，进行投篮。

关门配合

关门配合是一种常见的、基础的防守配合战术，是指两名防守球员靠近，联合封堵持球球员的突破方向，使其无法前进。

移动路线

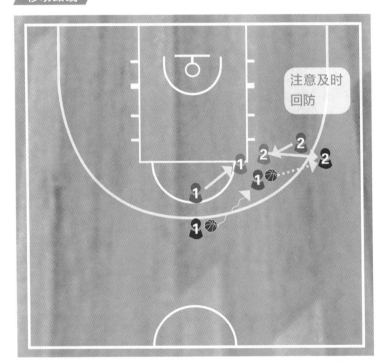

注意及时回防

当持球球员进行突破时，两名防守球员立刻靠拢，如关门一般，封堵其突破路线，阻止其前进。当进攻球员1号意图运球进入内线时，防守球员1号主动向侧后方移动，拦截其突破路线，此时附近的防守球员2号立即上前，协防队友，进行关门配合，将进攻球员挡在外线。

point
技术要点

观察全场，预判路线

当进攻球员准备移动时，防守球员需观察场上情况，预判哪个方向有队友可以协防，然后逼迫对手向队友的方向靠近。注意两名防守球员的距离要近，不留过多空间，以免进攻球员从中突破。

 **小提示**

当持球球员突破路线被封堵时，可能会将球传给无人防守的进攻球员，此时协防球员要及时进行回防。进行协防前，协防球员也应及时关注持球球员的动态，站在同时便于防守持球球员的位置，加大防守压力。

挤过配合

挤过配合是一种破坏进攻方的掩护配合的战术，是一种积极、主动的打法。当掩护球员靠近被掩护球员的防守球员时，该防守球员立即从掩护和被掩护球员间穿过，继续防守原目标。

移动路线

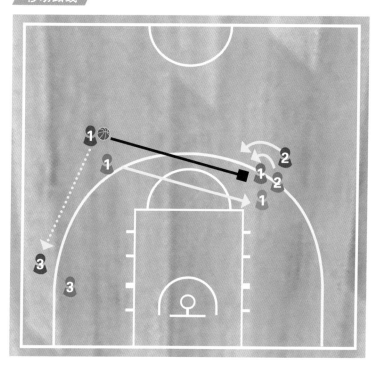

进攻球员1号传球给进攻球员3号，之后立即跑向进攻球员2号，准备设立掩护，防守球员1号及时提醒防守球员2号。防守球员2号在进攻球员1号靠近的瞬间，迅速跨出一步，与进攻球员1号擦肩而过，继续防守进攻球员2号。此时防守球员1号密切注意进攻球员的动态，及时跟进补防。该战术一般用于防守投篮能力强的对手，或阻止对手靠近篮筐。

point
技术要点

抢步要快

防守球员要学会观察赛场情况，当掩护球员靠近自己设立掩护前，就要迅速迈步，贴近防守目标，快速侧身挤过。

小提示

防守球员要配合默契。当掩护球员有动作变化时，对其进行防守的球员要及时提醒队友提前防范掩护球员。但不能太早暴露挤过配合的意图，因为进攻球员可能会放弃利用掩护，直接从另一边突破。

穿过配合

穿过配合是一种破坏进攻方的掩护配合的战术。当进攻方设立掩护时，防守掩护球员的球员退后一步，使队友从自己和掩护球员间穿过，继续防守原目标。

进攻球员1号传球给进攻球员2号，进攻球员3号靠近防守球员1号，为进攻球员1号设立掩护。此时防守球员3号提醒防守球员1号并主动退后一步，使防守球员1号从进攻球员3号和防守球员3号中间穿过，继续防守进攻球员1号。

point 技术要点

及时提醒并制造空间

当进攻方设立掩护时，防守掩护球员的球员要及时提醒队友并后退制造空间，穿过的防守球员动作要快速。当队友穿过后，防守掩护球员的球员要立即调整防守距离，紧随防守。

小提示

当进攻方掩护未设立时，防守球员可以运用挤过配合；而当掩护已设立，无法挤过时，可运用穿过配合。穿过配合战术一般运用于防守投篮球员威胁不大，或身形、能力相当的对手时。

绕过配合

绕过配合是一种破坏进攻方的掩护配合的战术。当进攻方设立掩护时，防守掩护球员的球员靠近对手，使队友从自己身后绕过，继续防守原目标。

移动路线

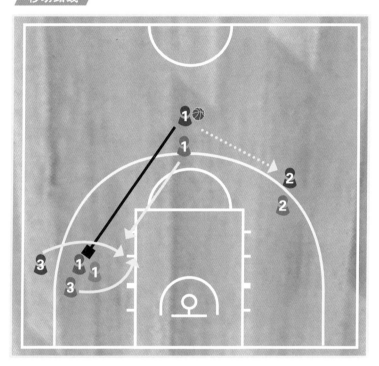

进攻球员1号传球给进攻球员2号，跑向防守球员3号，为进攻球员3号设立掩护，进攻球员3号借用掩护，向内线切入。此时防守球员3号不便于使用挤过配合或穿过配合战术，防守球员1号主动贴近进攻球员1号，使防守球员3号从自己身后绕出，继续防守进攻球员3号。

point 技术要点

善于观察，默契配合

防守球员在防守自己的目标时，要注意观察球场现状，与队友及时交流，保持默契配合。当队友无法挤过或穿过时，主动贴近对手，使队友能顺利、快速地绕过。

 小提示

从身后绕过用的时间相对较长，因此，绕过配合战术主要用于无法使用挤过配合、穿过配合战术，进攻者远离篮下或无球状态等威胁不大的情况。

交换配合

交换配合是指当进攻方设立掩护时，防守掩护球员的球员与防守被掩护球员的球员，两者及时交换所防对手的战术。

移动路线

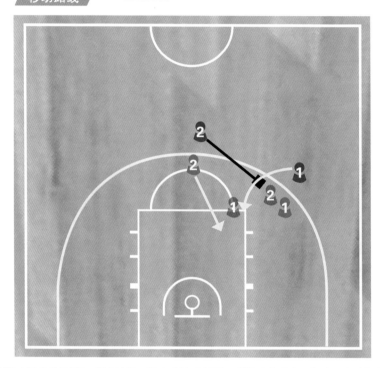

进攻球员2号跑向防守球员2号，设立掩护，防守球员2号跟防，并发出信号表示换防。此时进攻球员1号利用掩护，摆脱防守，防守球员2号立即跟防进攻球员1号，阻止其切入内线。防守球员1号跟防进攻球员2号，封堵其进攻路线。

point 技术要点

主动提醒

当掩护球员设立掩护后，防守掩护球员的球员要主动提醒队友，立即交换防守目标，相互堵截进攻球员的路线。收到队友的示意后，换防的动作要果断、快速。

 小提示

交换防守后，防守被掩护球员的球员应及时进行后撤步，在掩护球员转身切入前，抢占有利防守位置。如果换防后，与新对手在身高和技术上差异太大，可在合适的时机再次进行换防，各自防守原目标。

夹击配合

夹击配合是指至少两名防守球员突然联合封堵持球球员，使其进攻受阻，是一种具备突然性、攻击性的防守战术，可快速打破对手进攻计划，使其出现失误、违例等错误。

移动路线

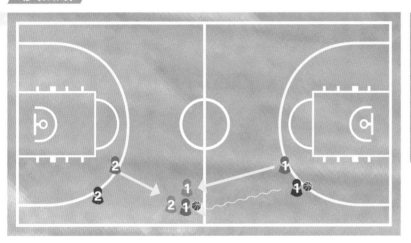

中场夹击时，防守球员1号紧跟防守，使进攻球员1号沿边线运球。过中线，防守球员2号立即上前防守，形成夹击，迫使进攻球员1号停球，准备断球。

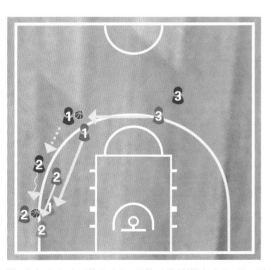

底角夹击时，进攻球员1号将球传给进攻球员2号，防守球员2号迫使进攻球员2号沿边线运球，此时防守球员1号立即上前防守进攻球员2号。进攻球员2号运球到底角停止运球时，防守球员1号和2号立即形成夹击，准备断球。防守球员3号注意补防进攻球员1号。

point
技术要点

注意夹击的时机

在进攻球员掷界外球、运球过中线或对手持球于底线死角时，防守球员突然采用夹击。此时进攻球员无法投篮，运球路线被封死，只能进行高抛传球或击地传球，防守球员便可轻易抢断。

小提示

实施夹击战术时，动作要快速、突然，抢球要果断，避免犯规；球员间要配合默契，尽量使持球球员往边线运球。当对手停球时，防守球员挥动两臂干扰其传球，附近的防守球员及时补防。

补防配合

补防配合是一种协同防守的战术，即防守球员发现队友出现漏防情况，立即放弃自己的防守目标，防守威胁最大的进攻球员，同时，与漏防的防守球员进行换防。

移动路线

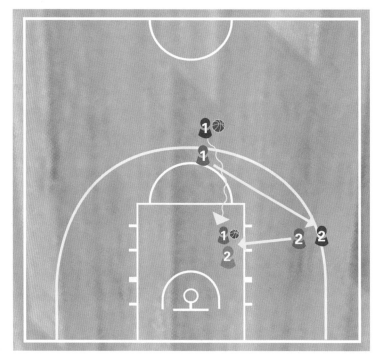

进攻球员1号运球突破防守球员1号的防守，进入内线。附近的防守球员2号立即跑向进攻球员1号，进行拦截。同时，防守球员1号跑向进攻球员2号，进行换防。

point
技术要点

善于观察，动作及时

防守球员要善于观察赛场情况，一旦发现威胁，要迅速、果断、及时地进行补防、断球，而漏防的球员也要立即补上队友的防守空缺，交换防守目标。

 小提示

成功的补防，离不开球员间的默契配合。当队友补防自己的防守目标时，也要及时提醒其他队友进行换防，漏防球员应具备主动换防的意识。

第 8 章
团队配合战术

　　团队配合，是篮球运动的魅力展现。随着球的移动，团队的应对战术呈现出不同的特点，无论是进攻方还是防守方，每个球员都有所属的位置并承担相应的职责，而每个位置的球员应熟练掌握对应的基本技术。团队配合的成功，离不开球员精湛的技术、球员间配合的默契、执行战术的智慧、辛苦训练的汗水及锲而不舍的精神。

快攻战术

快攻就是将球快速推进到前场，在对方开始区域联防前进攻，目的是通过进攻人数以多打少或在防守回位前提高得分率。快攻战术共三个阶段：开始快攻、进入位置、以正确的方式得分。

基本打法

背对边线接球

翼侧传球

进攻球员1号抢下篮板球，进行长传，附近的进攻球员2号接球，发动快攻，同时进攻球员1号和3号从两侧快速跑向对侧篮下，进攻球员2号运球至中场，将球传给进攻球员3号，进攻球员3号接球进行上篮。

进攻球员1号抢下篮板球，传给进攻球员2号，此时进攻球员3号跑向中场，接到进攻球员2号的传球，进而发动快攻，运球突破投篮，或传给已从两侧跑向对侧篮下的进攻球员1号或2号，进行分球，由队友投篮。

三线快攻是常用的快攻打法，基本由3名球员完成。想象球场分割成三个区域。控球后卫在中间区域移动；一名得分后卫位于一侧翼侧，占据该侧的区域；一名小前锋位于另一侧翼侧，占据该侧的区域。

中场接球

进攻球员1号抢下篮板球，想要传给进攻球员2号，但其被严防死守。进攻球员2号摆脱防守，跑向中场，进攻球员1号立即传球，进攻球员2号在中场附近接球，发动快攻，运球突破投篮，或传给已从两侧跑向对侧篮下的进攻球员1号或3号，进行分球，由队友投篮。

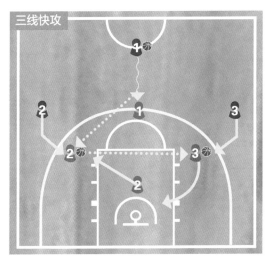

三线快攻

由进攻球员1号运球，快攻到得分区域（通常是三分线外一步远的位置）时，两侧球员从翼侧切入篮下。此时防守球员1号上前阻拦，进攻球员1号无法突破到篮下，立即将球传给处于空位的进攻球员2号。防守球员2号立刻跑向在翼侧接球的进攻球员2号，进攻球员2号进攻篮下受阻，立即传给进攻球员3号，进攻球员3号接球，切入篮下上篮。

point
技术要点

以多打少

3对2是非常典型的快攻方式，优势是进攻人数比防守人数多。通常情况下，两名防守球员会一前一后站立。前面的球员防守罚球线前的持球球员，持球球员要学会观察赛况，果断决定投篮还是传球给空位的队友。

小提示

当进攻球员到达对侧场地后，应做出正确的决策，选择突破到篮下还是分球给队友。只有没有防守球员堵截突破路线时，进攻球员才有可能直接运球上篮得分。如果无法直接突破到篮下，应立即传给翼侧的队友，翼侧的球员接球后，观察防守球员，决定投篮还是再次分球给队友，制造投篮机会。

1-2-2进攻

1-2-2进攻阵型由一名控球后卫、两名翼侧球员和两名内线球员组成。该阵型能够很好地拉开空间，有利于球员突破上篮。

移动路线

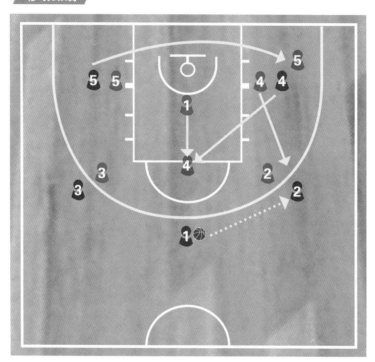

进攻球员1号、2号、3号相互传球，吸引防守球员2号、3号上前防守；当进攻球员1号持球时，进攻球员4号摆脱防守，跑至罚球线准备接球，防守球员1号立即上前防守；进攻球员1号立即将球传给队友2号，防守球员4号立即上前协防，防守球员5号立即跑至对侧底线空位，示意队友传球。进攻球员2号根据防守情况，选择投篮或传球给队友5号，由其再进行下一步进攻。

point
技术要点

团队配合默契

当进攻球员无法从罚球区突破时，限制区附近的队友可进入内线，吸引附近的防守球员协防或换防，再为其他队友制造机会。

小提示

该阵型由一名控球后卫、两名翼侧球员和两名位于限制区附近的内线球员组成。位于弧顶的球员应该是技术较全面、擅长传球和中距离投篮的球员；位于翼侧的球员投篮能力较强，尤其是擅长三分球投篮；位于内线的球员则属于进攻型选手。

1-4 进攻

1-4进攻阵型是一种布局简单但较稳定的阵型，其进攻点多，可将球传给任一位球员。运用该阵型，在篮筐附近有较大的进攻空间。

移动路线

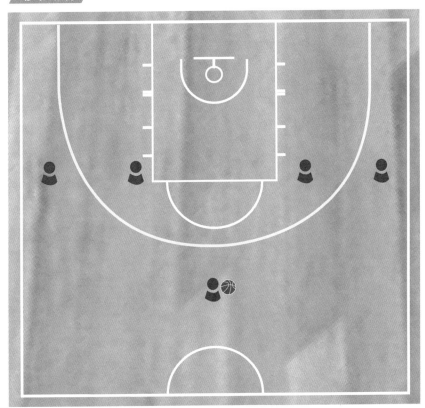

1-4进攻阵型由一名控球后卫和排成一列的四名球员组成。位于三分线弧顶外的控球后卫，有较强的组织能力及良好的远距离投篮技术；其余四名球员沿罚球线的延长线横列，位于肘区的两名球员擅长传球及中远距离投篮，位于翼侧的两名球员擅长进攻，具备速度快、反应灵敏的特点。

point
技术要点

创造篮下和底角的空位

球员传球至翼侧，吸引防守球员注意力，肘区的进攻球员便可向篮下空切，内线球员也可为持球球员掩护。

小提示

1-4进攻阵型可以连续进攻。当球无法传入内线时，可将球再次传回控球后卫，而切入底线的球员同时回位，准备接球，为下一步进攻做准备。

双低位进攻

双低位进攻，是指两名低位球员加三名外线球员的进攻阵型。这是一种适合体型高大的球员进行强力进攻的战术。

移动路线

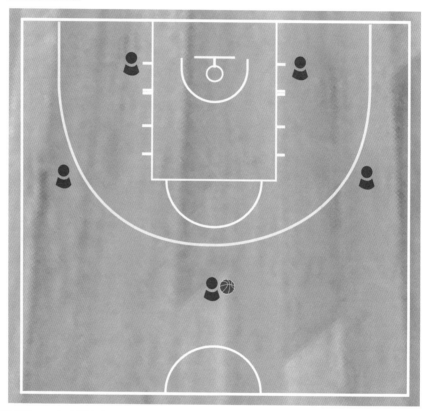

在双低位进攻阵型中，一名球员持球于三分线弧顶外，两名球员位于翼侧，两名球员位于低位。位于低位的两名球员应是体型高大的两名球员，将他们安排在篮筐附近，可相互掩护，提高投篮命中率，并具有较大的抢篮板球优势。

采用双低位进攻阵型时，低位球员需具备优秀的篮板意识，同时也要注意配合默契，相互掩护，使队友能切入内线接球，制造进攻篮下的机会。

1-3-1 进攻

在1-3-1进攻阵型中，有一名控球后卫持球于三分线弧顶外，一名球员位于罚球线，一名球员位于底线附近的位置区，还有两名球员位于翼侧。

移动路线

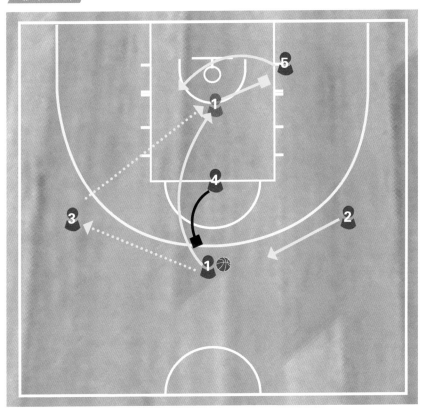

传球技术好的、高大的球员适合在高位。进攻球员1号传球给进攻球员3号，进攻球员4号上前为进攻球员1号做掩护，进攻球员1号切入篮下，接到进攻球员3号的传球，进行上篮。若进攻球员1号被防守球员阻拦，无法接球，可穿过篮下为进攻球员5号做掩护，进攻球员5号利用掩护在篮下接到传球，进行投篮。

小提示

如果一个球队中拥有两名优秀的内线球员，1-3-1进攻阵型是一个不错的进攻组合，它可以应对2-3区域联防。位于罚球线的球员，应是一名擅长传球的高个子球员；位于翼侧的球员擅长三分球投篮，可增加防守压力；位于篮下附近的球员则是擅长抢篮板的进攻型选手。

三角进攻

三角进攻是篮球运动中一项经典的进攻战术，是指三名球员在半场一侧组成三角形站位，两名球员在另一侧形成两人进攻站位，根据防守方的移动进行不同的切入，调整进攻战术。

强侧传球

控球的进攻球员1号将球传给进攻球员3号，然后切到右侧底角，此时形成三角站位。

弱侧传球

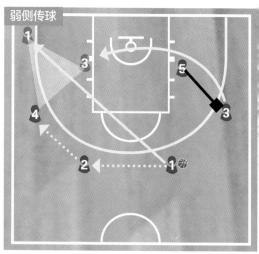

如果无法传球到强侧，控球的进攻球员1号传球给进攻球员2号，然后切到左侧底角，此时，进攻球员5号为进攻球员3号设立掩护，进攻球员3号切入左侧内线，进攻球员1号、3号、4号形成三角站位。

回传弧顶

根据防守情况，将球传到底角、低位。或将球转给位于三分线弧顶进攻球员2号，再传给移动到翼侧的进攻球员5号，进攻球员1号切入内线，进攻球员2号切入右底角，从而形成新的三角站位。

point
技术要点

精准的站位距离

三角站位成功的关键在于球员的间隔距离，距离为15~18英尺（4.6~5.5米）。三角进攻依赖于无球球员的跑动和传接球。据研究，同样的距离，球的速度比球员跑动的速度快。这个站位间距能够保证传接球的成功率，还能分散防守，减少协防和包夹，保证切入路线的通畅。

 小提示

三角站位形成后，翼侧或底角球员可切入内线，或翼侧球员为底角球员提供掩护，使其可以切入篮下。

普林斯顿战术

普林斯顿战术以美国普林斯顿大学命名，由该校校队教练皮特·卡里尔（Pete Carrill）发明。当防守球员切断了传球路线，进攻球员进行后门切入，是普林斯顿战术的标志性特点。

基本打法

三分线弧顶外和翼侧各两名球员，一名球员位于罚球线（也可落位低位）。进攻球员1号运球至三分线附近，传球给翼侧进攻球员3号，进攻球员1号和2号切入低位位置区，进攻球员5号跑至外线。

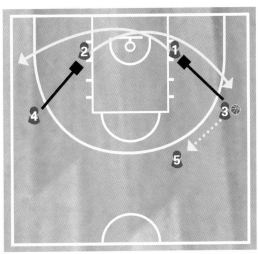

进攻球员3号传球给进攻球员5号，进攻球员3号和进攻球员4号在限制区两侧设立掩护，进攻球员1号和2号穿过限制区，各自切入对侧外线。

进攻球员2号跑至右翼侧，接过进攻球员5号的传球，可进行投篮。若投篮受阻，进攻球员5号传球后立即切入低位，进攻球员1号利用进攻球员4号和进攻球员5号的交叉掩护，跑至罚球区接球，投篮。

弱侧传球

若强侧传球受阻，则从强侧翼侧后门切入（战术最基本原则之一）。进攻球员2号传球至进攻球员4号，然后继续采用基本打法，进攻球员1号和2号移至低位并借助掩护外切。

后门切入

若是传给翼侧和另一个后卫球员的球都被防守球员阻断，翼侧球员和后卫球员应后门切入（也要遵守进攻战术的基本规则）。

进攻球员5号跑至三分线弧顶外，接住进攻球员1号的传球，进攻球员1号切入对侧限制区，进攻球员4号和3号分别上前为进攻球员1号、2号做掩护。

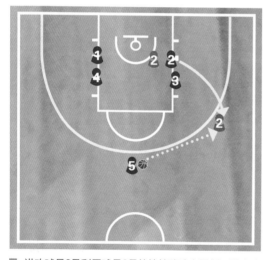

进攻球员2号利用球员3号的掩护移动主翼侧，进攻球员5号将球传给进攻球员2号。

point
技术要点

高位进攻优势

无论是高位还是低位，在普林斯顿战术中都有进攻机会。采用高位进攻时，罚球线下方区域空间大，便于球员切入（特别是后切）并运球渗透；该战术不利于防守方体型高大的球员在高位进行防守；位于高位的球员容易吸引防守方的注意，故而防守方会放松对外线球员的关注，进攻方便能相对容易地进行换边传球。

小提示

普林斯顿战术非常讲究团队配合，要求所有球员都具备良好的进攻技巧，每位球员都有投篮的机会。该战术不强制确定跑动路线，但有基本站位和有规则的后切，球员通过快速地跑动、传球、掩护和投篮等，创造内外线得分的机会。进攻方不断地传球、换位跑动，使防守方难以判断进攻意图和战术，不敢贸然调整战术，因此增加了防守的难度。

2-3区域联防

在区域联防时，防守球员负责防守一块区域，而不是某一名进攻球员。2-3区域联防的防守优势在内线和底角区域，但是在弧顶和翼侧的防守薄弱。

球在弧顶

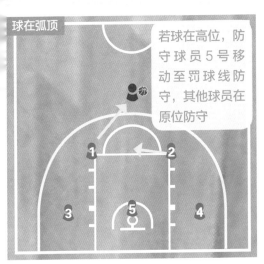

> 若球在高位，防守球员5号移动至罚球线防守，其他球员在原位防守

两名球员负责防守翼侧和高位区域，三名球员负责防守底线和中路。当球运至三分线弧顶附近，防守球员1号上前防守，防守球员2号移至罚球线中上方位置，负责防守从中路到翼侧之间的区域。

球在翼侧

当球传至翼侧：防守球员2号抢先跑至翼侧；防守球员1号撤至罚球线；防守球员3号辅助队友防守翼侧后，撤至底角；防守球员5号防守强侧低位区域；防守球员4号滑步移动到中路，并指挥球队的防守。

球在底角

当球传至底角：防守球员3号进行防守；防守球员2号后撤协防防守球员5号，防守内线球员，拦截内线传球；防守球员1号防守高位传球及投篮；防守球员4号防守底角间的传球。

球在低位

防守球员5号球员防守持球球员，防守球员3号后撤防守传至底线，防守球员4号防守中路的传球及准备抢篮板球。防守球员2号后撤防守三分线45度内一步区域。防守球员1号在罚球区内阻止对角线传球。

1-2-2区域联防

1-2-2区域联防的优势在于外线施压，有效拦截进攻方的外线投篮，但是在内线防守和底角防守则非常薄弱。

基础站位

两名球员位于肘区，负责阻止高位的传球；两名球员位于篮下附近的位置区，防守低位；一名球员位于三分线弧顶，出手抢球。

球在底角

当球传至底角：防守球员4号进行防守；防守球员2号在翼侧球员前，阻止回传；防守球员5号绕至内线球员前，拦截内线传球；防守球员1号继续防守高位传球及投篮；防守球员3号进行协防，防止背切。

球在翼侧

当球传至翼侧：防守球员2号抢先跑至翼侧防守；防守球员1号撤至罚球线防守高位球员；防守球员4号外撤防守底角区域；防守球员5号防守强侧低位区域；防守球员3号后撤，补防弱侧低位区域。

point
技术要点

高位进攻优势

强侧的翼侧防守球员应确保视线良好，能看到翼侧进攻球员和持球球员，翼侧防守球员应绕前防守持球球员，示意队友已准备进行协防，同时增加对手运球突破的压力。随着球从底角传出，防守球员调整位置。若是球被传至翼侧，翼侧防守球员应尝试出手夺球。

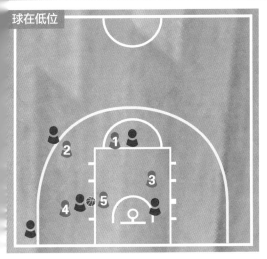

球在低位

若球传至低位，防守球员5号和防守球员4号协防持球球员，阻止传球。

回传弧顶

若球被回传至三分线弧顶附近，防守球员恢复1-2-2站位，补位协防。防守球员1号可先停留在罚球线，以拦截向防守球员4号的传球，直到防守球员2号或防守球员3号回到肘区防守位置。防守球员4号应高举双手，在低位球员前方拦截，阻止传入内线的球。

球在高位

若球传给进攻方高位球员，防守球员1号跟进防守，防守球员4号或5号应进行移动以防守高位球员，防守球员4号向罚球区中间移动进行换防。防守球员2号和3号退回到限制区内防守高位进攻球员。

point
技术要点

高位防守的优势

哪位防守球员进行移动以防守高位球员可由这些因素决定：①距离最近；②若还有一名低位球员，则另一端的防守球员过来防守高位球员；③遵循防守战术，始终有一名球员是高位防守球员；④高位球员喜欢在哪边进行突破，那么在那一边的防守球员就应负责防守这个高位球员（这个位置可以更好地阻止该球员运球或传球）。

小提示

执行区域联防时，防守方的防守位置是随着球的移动而发生变化的，防守区域则根据不同的防守战术而变化。例如，加大内线防守力度到迫使进攻方在外线进行投篮，从抢先阻断进攻方的传球路线到对持球球员进行夹击，这些都需要运用不同的防守战术。

3-2区域联防

3-2区域联防的优势在于限制外线投篮，但内线和底角的防守薄弱。该阵型中，两名球员在肘区负责防守翼侧区域，三分线弧顶外球员负责防守肘区之间的区域，两名内线球员负责防守限制区至底角区域。

球在翼侧

当球在三分线弧顶外时，球员原位防守。当球传至翼侧：防守球员2号上前防守；防守球员1号撤至强侧肘区，防守高位；防守球员4号外撤防守底角区域，防守球员5号滑步至中路阻止低位传球，防守低位；防守球员3号后撤补防。

球在底角

当球传至底角：防守球员4号进行防守；防守球员2号在翼侧阻断传球路线；防守球员5号防守内线球员，拦截内线传球；防守球员1号继续防守高位，阻止传球及投篮；防守球员3号在弱侧防守篮板球。

球在高位

防守球员5号示意防守，上前与防守球员1号夹击持球球员；防守球员4号滑步至篮下占据防守位，拦截低位传球。防守球员2号后撤至位置区，阻止进攻球员往底线传球，并准备争抢篮板球。

球在低位

防守球员5号防守持球球员；防守球员4号撤至近底角，阻止底线传球，防守球员2号撤至与球平行位，阻止传球；防守球员3号后撤，阻止弱侧切入，防守球员1号移至罚球区，阻止对角线传球。

1-3-1区域联防

1-3-1区域联防的优势在高位和翼侧区域，但是在低位和底角区域防守薄弱，容易给进攻方留下很大的进攻空位，同时也不利于争抢篮板球。建议将体型高大的球员安排在篮下。

基础站位

两名球员位于三分线内腰侧，防守翼侧区域；一名球员位于篮下，防守底角之间的区域；三分线弧顶外和罚球线各一名球员，防守球场中间区域。

球在底角

防守球员2号防守底角持球球员；防守球员5号撤至低位球员前，阻止低位传球，并拦截持球球员运球进内线；防守球员3号在防守翼侧进攻球员的同时，可撤至低位，协防队友5号。

球在翼侧

防守球员3号上前防守；防守球员1号撤至强侧肘区，阻止高位传球；防守球员5号撤至低位球员前，阻止低位传球；防守球员3号向强侧移动，进行协防；防守球员2号移至限制区边缘，防守底角区域。

point
技术要点

防止篮球回传或巧用夹击

当球传至底角后：强侧翼侧防守球员可移至防守目标前，阻止回传；也可跑向底角方向，配合低位队友，夹击持球球员。

 **小提示**

若持球球员想从三分线弧顶运球突破至内线，位于罚球线的防守球员应立即上前阻拦。当球在底角时，若持球球员想运球突破至内线，位于低位的防守球员应立即上前阻拦。

191

2-1-2区域联防

和2-3区域联防一样，2-1-2区域联防的防守优势在内线和底角区域，但是在弧顶和翼侧的防守薄弱。

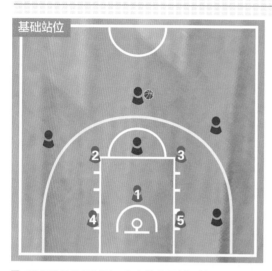

基础站位

两名球员位于肘区，负责防守翼侧区域；两名球员位于低位位置区，负责防守底角至限制区区域；限制区中间的球员负责防守内线区域。

球在三分线弧顶

当球在三分线弧顶外时：防守球员2号上前防守；防守球员3号向罚球区移动，阻拦高位传球；防守球员4号向翼侧移动，防守翼侧的同时注意篮下情况；防守球员5号防止弱侧切入篮下。

球在高位

当球传至罚球线：防守球员1号、2号、3号跑向持球球员进行夹击；防守球员4号、5号跑回限制区防守篮下。

球在翼侧 1

当球传至右翼侧：防守球员3号上前防守；防守球员2号协助防守球员1号，防守高位进攻球员空切篮下，并拦截传球；防守球员5号跑至底角球员前阻止底角传球；防守球员4号向内线移动，防守篮下，阻止空切及对角传球。

球在底角

当球传至底角：防守球员5号上前防守，防守球员3号跑向底角，进行夹击；防守球员1号跑向篮下，拦截高位球后撤接球；防守球员4号防守弱侧翼侧球员空切。

球在低位

当球从翼侧传给移动到位置区的低位球员时：防守球员1号跟随防守，防守球员2号、4号跑向持球球员，进行夹击；防守球员3号移至限制区中路，防止外线切入；防守球员5号移至篮下，防守内线及篮下区域。

小提示

球在翼侧 2

当球传至左翼侧：防守球员5号跟随防守右侧低位进攻球员，阻拦其穿过篮下至强侧接球，并示意防守球员4号进行防守，待防守球员2号移至翼侧持球员前，防守球员4号撤至限制区防守，防守球员5号返原位；防守球员1号移至罚球线，防守高位传球，阻止进攻球员切入篮下；防守球员3号下移，防止翼侧球员后切篮下。

point
技术要点

高位进攻优势

布局阵型时，应将反应灵敏、速度快、擅长抢断的球员安排在肘区，同时该球员应兼备组织快攻的能力；而身型高大、补位意识强、抢篮板球能力突出的球员则安排在内线；将身型高大、技术较全面、具有争夺篮板球和发动快攻能力的球员安排在限制区两侧。

在2-1-2区域联防的阵型布局中，球员站位均衡，移动距离近，便于团队配合，能有效拦截正面突破，保护篮下区域，在抢篮板球和发动快攻方面有一定的优势。

1-1-3区域联防

1-1-3区域联防是常见的防守战术，其阵型为：两名球员位于低位位置区，三分线、弧顶、罚球线、限制区中间各设一名球员。采用该战术时，球员要阻止任一内线传球，并迫使篮球在一侧移动。

球在翼侧1

位于弧顶的进攻球员将球传向一侧的进攻球员。防守球员3号防守持球球员，防守球员2号移至强侧肘区，防守球员5号补上防守球员3号原有的位置，共同阻止内线传球；防守球员1号撤至罚球线，防守员4号移至篮下，共同协防。

球在翼侧2

防守球员4号绕前防守持球球员，防守球员2号移至强侧肘区，防守球员5号绕至低位球员前，共同阻止不同方位的高吊传球至内线；防守球员1号撤至罚球线，防守球员3号移至篮下，共同协防。

球在底角

防守球员5号防守底角持球球员，防守球员3号跑向底角，夹击持球球员，或者撤至内线，进行协防（若低位有进攻球员，则防守在其前面，阻止低位传球）。

球在高位

防守球员1号和2号后撤至限制区内，抢先占据位置，防守翼侧进攻球员；防守球员5号上前阻止持球球员进攻内线或投篮；防守球员3号和4号防守任一低位进攻球员。

1-2-1-1区域紧逼

1-2-1-1是一种典型的全场区域紧逼防守战术，结合了区域联防和人盯人防守的优势，具备较强的攻击性。一名球员防守持球球员，两名球员位于翼侧，中场和对侧罚球线各一名球员。

底角夹击

堵截进攻球员将球发向中路，在边线进行夹击

中线夹击

堵截运球路线，迫使对方首选长传球

进攻球员1号罚球，防守球员1号上前干扰并逼迫其朝边线发球；当球传至进攻球员2号，防守球员1号及2号立即夹击，迫使其停球或边线运球，堵截向中路运球；防守球员3号移至弱侧肘区防守高位和对角传球。

当持球球员持球过中线时，防守球员2号紧随防守。防守球员4号立即协防队友2号进行第二次夹击，迫使其在边线与中线的区域停球；防守球员5号防止传球至翼侧，防守球员1号阻止球回传，防守球员3号阻止向右侧传球。

小提示

该战术主要是为了控制对手的进攻速度，逼迫篮球在边线移动并形成夹击，堵截对手运球突破过半场，被迫进行长传球，出现失误。全程尽量阻止进攻球员带球进中路进行突破。

编者简介

花琳

　　北京大学新闻与传播学院硕士；北京大学体育教研部教师，女子篮球队主教练；国际篮球联合会（FIBA，简称"国际篮联"）一级讲师，北京市篮球运动协会教练员委员会成员；作为运动员多次参加中国女子篮球甲级联赛（WCBA）、世界大学生运动会等国际国内重要赛事，并获得优异成绩；作为北京大学女子篮球队主教练，多次带队参加中国大学生篮球联赛（CUBA）、首都高校篮球联赛、全运会等大型篮球赛事；主要研究方向：体育教育与运动训练学，多次在各类期刊发表学术文章，参编各类体育著作4部。

赵唐薇

　　北京大学新闻与传播学院硕士，美国春田学院体育管理硕士，原北京大学女子篮球队队长；2009年塞尔维亚世界大学生运动会中国大学生女子篮球队队员；曾任美国IMG学院篮球教练；曾在全美冠军球队南卡罗莱纳女子篮球队参与训练和教研工作；目前，在国内长期从事校园篮球推广与教学工作。